2016年度国家社会科学基金项目

"移动互联网时代传统媒体移动化转型路径及策略研究"

（批准号：16BXW027）

The Paths and Strategies for
Traditional Media's Mobile Transformation

传统媒体移动化转型
路径与策略

官建文 等◎著

中国社会科学出版社

图书在版编目（CIP）数据

传统媒体移动化转型路径与策略／官建文等著 . —北京：中国社会科学出版社，2021.3

ISBN 978 - 7 - 5203 - 7574 - 0

Ⅰ.①传…　Ⅱ.①官…　Ⅲ.①传播媒介—发展—研究—中国　Ⅳ.①G219.2

中国版本图书馆 CIP 数据核字（2020）第 244275 号

出 版 人	赵剑英
责任编辑	张　林
特约编辑	宋英杰
责任校对	周晓东
责任印制	戴　宽

出　　版	中国社会科学出版社
社　　址	北京鼓楼西大街甲 158 号
邮　　编	100720
网　　址	http://www.csspw.cn
发 行 部	010 - 84083685
门 市 部	010 - 84029450
经　　销	新华书店及其他书店

印刷装订	三河弘翰印务有限公司
版　　次	2021 年 3 月第 1 版
印　　次	2021 年 3 月第 1 次印刷

开　　本	710×1000　1/16
印　　张	11.5
插　　页	2
字　　数	161 千字
定　　价	66.00 元

凡购买中国社会科学出版社图书，如有质量问题请与本社营销中心联系调换
电话:010 - 84083683

课 题 负 责 人： 官建文

课题研究人员： 高春梅　李黎丹　刘　扬　唐胜宏

目　录

前言　期盼传统媒体王者归来

一个时代有一个时代的烙印。

不同在于：这烙印怎么烙上去，又烙到什么物体上？烙印方式与烙印物，正是区隔时代的重要标志。

迄今为止，人类的信息传播无外乎三个时代：镌刻时代、印写时代、数字时代。结绳记事只是人类传播大历史的小小插曲，在山崖石块、陶匏砖木、龟骨贝壳、铜铁器皿上镌刻文字，以记事表意达情，这是镌刻时代。流传至今的人类早期思想精华、活动踪迹的稀有记载，靠的正是镌刻，才得以流传至今。

从竹简帛书皮革纸张，到汗牛充栋的书刊报章，人类 5000 年文明史如灿烂星空，全靠书写与印刷的记载、传播。这期间，有线与无线电波在信息传播史中发挥了并仍在发挥着重要作用，但它只是短暂之一瞬，不能成为一个独立传播时代，可视之为印写时代之附庸。口耳相传，人体自带功能，是跨时代的"自带流量"传播，会伴随人类的整个历史。

数字化开启了一个全新的时代。数字技术与电信技术的结合，产生了互联网和移动互联网以及与之相适应的电脑、智能手机、各种穿戴摄录设备等，它们对印写传播进行了颠覆性的改写，大大降低了图文、视频记录与传播的门槛，将千百年来人类少数精英所拥有的记录与传播技能赋予了平民百姓、芸芸众生。数字传播时代，信息记录与传播的便捷性、广泛性达到了空前水平。今天，从三岁娃到耄耋老者，都可随时随地进行记录与传播；人类一天所记载、传播的信息总量已超过印写时代一百年所记载、传播的信息总量！

进入数字传播时代后，印写时代信息传播的王者——报刊、广播、电视，时效上滞后了，信息量少了，可选性差了，随身性不强，互动性缺乏，面对蓬蓬勃勃、蔚为壮观的各类新兴媒体，传统媒体显得力有不逮，地位岌岌可危。

新的媒体平台，包括社交媒体、自媒体平台，流量甚大，粉丝多多，但它们既有先天的不足，也有后天的缺陷，虽占有主要的网络流量，却缺乏"主流"的担当，特别是其中某些自媒体，移花接木，无中生有，为了获得流量，无所不用其极。自媒体与社交媒体中的信息鱼龙混杂，让人真伪莫辨。

传统媒体有几十年甚至上百年的历史沉淀，拥有一大批训练有素、经验丰富、社会责任感强的专业人员，能够调动、掌控广泛的社会资源，但是由于机制、模式等不适应数字传播时代的发展变化，因此传统媒体在印写传播时代的强大优势在新兴媒体中难以呈现，原有的十八般武艺派不上用场或难以展示雄风。面对各类新媒体的冲击，传统媒体既不宜丢掉传统市场，又不应放弃新兴媒体市场，他们积极应战，融合发展，转向新媒体，便成为必然选择。

传统媒体如何走融合发展、转型发展之路？这是全球传统媒体正面临的实践课题，也是传播学者们正在探讨的理论课题。

本书是国家社科基金课题"移动互联网时代传统媒体移动化转型路径及策略研究"的结项成果。

2016年，课题获批立项时，我国传统媒体的移动化转型才刚刚起步，各媒体都在"摸着石头过河"。我们的工作从调研开始，从媒体的转型实践入手，展开了较大规模的调研活动，足迹遍及京津沪及长江中下游诸多省份，还通过其他方式了解到四川、广西、宁夏及大连一些传统媒体的转型情况，在调研基础上归纳总结提升，获得新的认知。

经过多年的艰辛探索，我国传统媒体在移动传播方面已经有了较为丰富的经验，取得了突出的成绩。但是，转型才刚刚开始，离成功尚有很长的距离。传统媒体移动化转型存在的主要问题是：在移动端营收能力弱，在移动端所获得的经济收入远不能抵消在新兴媒体端的支出，更无法支撑媒体未来的转型需要。传统媒体移动化转型的成功，有赖于传统媒体在移动端的"传播力因子"和"经营力因子"都强大。只有这"双因子"都强起来，传统媒体才能在移动端生存、发展、壮大，才能转型成为新兴媒体，成为移动端的主流媒体。

课题组成员有高春梅、李黎丹、刘扬、唐胜宏，他们不辞劳苦，孜孜以求，对课题研究和书稿的完成做出了大贡献。此外，王培志、刘晓平也有所贡献。课题能够顺利完成、结项，离不开中宣部社科规划办、中央党校研究部、人民日报社研究部的具体指导和大力支持，也得到了人民网相关部门的支持和配合；在本书编辑出版过程中，中国社会科学出版社相关编辑严谨认真、精益求精的精神与作风，让我印象深刻，深受感动，在此，谨对他们表示衷心感谢和崇高的敬意！

数字传播方兴未艾，传统媒体的转型才刚刚迈步，传统媒体波澜壮阔的移动化转型必将谱写出新的壮丽篇章。本书只是对这个壮阔过程作了一个阶段性的描述，未来的景观会更加绚丽多彩。

期盼传统媒体早日完成移动化转型，王者归来！

官建文

2020 年 7 月

第一章

绪　论

　　2015 年 12 月 25 日，习近平总书记在视察解放军报社时强调："读者在哪里，受众在哪里，宣传报道的触角就要伸向哪里，宣传思想工作的着力点和落脚点就要放在哪里。"① 在移动互联网已经全面普及的今天，受众已经大规模转移到移动终端，传统媒体移动化转型既是媒体生存与发展的需要，也是服务受众、做好宣传思想工作的需要。在我国，报纸、广播、电视等传统媒体是党的舆论工具，是党和政府、人民的耳目和喉舌，稳健地做好传统媒体移动化转型工作，有利于舆论主导权的掌控，有利于营造良好的舆论环境，是治国理政、定国安邦的大事。

一　选题的背景与意义

1. 移动终端已成信息接收的第一终端

　　中国互联网络信息中心（CNNIC）从 2007 年开始发布手机网民数量。CNNIC 于 2007 年 1 月发布的《中国互联网络发展状况统计报告》显示，截至 2006 年 12 月 31 日，中国手机网民数量为1700 万。至 2007 年底，中国手机网民数已达 4430 万，超过网民总

---

　　① 《习近平视察解放军报社》，新华网，http://www.xinhuanet.com//politics/2015－12/26/c_1117588434.htm，2015 年 12 月 26 日。

数的 1/4（27.3%）。此后，手机网民数量连年快速增长。截至 2020 年 3 月，我国网民规模达 9.04 亿，其中，网民使用手机上网的比例达 99.3%，使用台式电脑、笔记本电脑、平板电脑上网的比例分别为 42.7%、35.1% 和 29.0%，使用电视上网的比例为 32.0%。① 使用手机上网的人数已经大大超过其他上网终端，毫无疑问，手机已经成为第一大上网终端。

2013 年，智能手机普及提速，各种移动应用爆发，移动互联网加速向日常生活渗透。智能手机全球普及率在 2012 年年中超过 PC 机，到 2013 年底全球智能手机普及率从 2009 年占全球人口的 5% 增长至 22%。换言之，到 2013 年全球已有 14 亿智能手机用户，平均每 9 个人中就有 2 人使用智能手机②。在中国，微信用户呈爆发式增长。2011 年 1 月 21 日，微信发布第一个版本；2012 年 3 月底，微信用户突破 1 亿大关；2013 年 1 月 15 日，微信用户达到 3 亿③。4G 的逐步推广和智能手机的普及，以及上网资费降低等因素，使用户上网设备进一步向手机端转移，PC 电脑的使用率随之降低。可以说智能手机已经集众多功能于一体，不但可以用来娱乐、获取资讯、购物、支付等，还可以处理简单公务。

基于位置的服务即 LBS（Location Based Service）、线上到线下即 O2O（Online To Offline），越来越普及，正广泛而深刻地改变着人们的上网行为和生活方式。截至 2020 年 3 月，我国手机网络支付用户规模达 7.65 亿，较 2018 年底增长 1.82 亿，手机网民移动支

---

① 中国互联网络信息中心：《第 45 次中国互联网络发展状况统计报告》，中国网信网，http://www.cnnic.net.cn/hlwfzyj/ hlwxzbg/hlwtjbg/202004/P020200428596599037028.pdf，2020 年 4 月。

② 《全球智能手机普及率 2013 年末将达到 22% 平板 6%》，中国产业竞争情报网，http://www.chinacir.com.cn/2014_ sjkx/397513.shtml，2014 年 3 月 10 日。

③ 《腾讯微信用户量突破 3 亿耗时不到两年》，腾讯网，http://tech.qq.com/a/20130115/000179.htm，2013 年 1 月 15 日。

付使用率达 85.3%。① 支付宝和微信支付无处不在，中国的移动支付已领先于发达国家，这极大地加强和巩固了手机作为第一移动终端的地位。智能手机已经"是集 10 年前的 PC、移动电话、固定电话、导航仪、短信、QQ、MSN、照相机、摄录机、游戏机、报纸、杂志、图书馆、收音机、电视机、碟片、软硬盘、影碟机、影院、计算器、钱包、自动取款机、小卖铺、大卖场等等于一身的智能终端"，它已经"是人类身体和智能延伸出来的新型人造器官"，"在这个器官上，所有大众传播的一切形态都被囊括其中，而且每一个器官都是一个传播平台"。②

2. 移动互联网已成舆论斗争的主战场

网络时代，舆论的生成、聚合、爆发都离不开互动性强的社区。新浪微博曾经以 PC 用户为主，现在手机用户已占压倒性多数；微信用户已超过 10 亿。突发事件、热点问题首先在移动互联网的社交媒体和互动区域酝酿、发酵，形成舆论后再延展到 PC 端和传统端，最后形成社会舆论。人民网研究院 2016 年发布的《2015 中国媒体移动传播指数报告》数据显示，在所统计的 500 件社会热点事件中，44.4% 的网络舆情事件都与"两微一端"有关，移动端已逐渐成为信息传播的主要工具，成为网络舆论的策源地，并逐步影响社会舆论的整体走势。线上线下融合的趋势日渐明显，线下讨论的话题与线上的主题相关度越来越大。③

在这种态势下，传统媒体向移动端的转型，是做好党的新闻舆论工作的必然要求，在用户群体庞大、群声鼎沸的移动互联网舆论

① 中国互联网络信息中心：《第 45 次中国互联网络发展状况统计报告》，中国网信网，ht-tp：//www.cnnic.net.cn/hlwfzyj/hlwxzbg/hlwtjbg/202004/P020200428596599037028.pdf，2020 年 4 月。

② 任大刚：《极致传播时代，梨视频如何保持定力赢得发展？》，《新闻战线》2018 年 11 月（上）。

③ 《2015 中国媒体移动传播指数报告》，人民网，http：//yuqing.people.com.cn/n1/2016/0324/c209043-28223363.html，2016 年 3 月 24 日。

场，需要主流媒体及时准确地报道事实，澄清谣言，揭示真相，回应网民关切，传递中央声音，正确引导舆论。主战场需要主力军。传统媒体在各移动平台、各移动社交媒体虽然已占有一席之地，对移动互联网的舆论引导已初见成效，但是，传统媒体在移动端尚未占据绝对优势，还没有真正掌控移动端舆论的主导权。传统媒体只有成为移动互联网上的主流媒体，成为移动舆论场的主力军，才能够直接影响和感化移动互联网的绝大多数用户，这有赖于传统媒体完成移动化转型。

3. 传统媒体的紧迫任务是移动化转型

传统媒体当前面临的危机有目共睹，全球皆然。其表现主要体现在两方面，一是发行量、收视收听率的持续下降。从 2014 年到 2017 年，我国报纸印数连年下降，降幅达 27.27%；① 2017 年电视整体总收视率相比 2016 年同期下降 11%。② 广播收听率与之类似，相比 2016 年全年，2017 年跌幅已经达到了 13.4%。③ 二是广告持续下降甚至断崖式下滑，纸媒首当其冲。从 2012 年到 2015 年，中国报纸广告降幅巨大，2015 年与 2011 年相比，广告下降了 55%。④ 2016 年后仍持续下滑，据群邑智库发布的《中国媒体市场概览》统计，2017 年第一季度与上年同期相比，报纸广告刊例下降 27.5%，电视下降 4.6%，杂志下降 25.4%，只有广播增长 7.9%。这期间，广播、电视虽然某些年份、季度广告发布量有所增长，但持续下降的趋势并未扭转。

面对这样的局面，传统媒体该如何做，向何处去？

① 陈国权：《2017 年报业发展报告》，《编辑之友》2018 年第 2 期。

② 群邑智库：《传统电视收视率整体下滑 2017 前三季度表现不佳》，智能电视网，https://n.znds.com/article/27565.html，2017 年 11 月 9 日。

③ 梁帆：《2017 年上半年广播收听市场简要回顾》，搜狐网，https://www.sohu.com/a/207295847_738143，2017 年 11 月 29 日。

④ 姚林：《中国报业经营在广告"断崖式"下降中的转型》，《中国传媒产业发展报告(2016)》，社会科学文献出版社 2016 年版，第 93 页。

（1）移动化转型是传统媒体生存发展的需要

CNNIC 发布的《第 45 次中国互联网络发展状况统计报告》显示，截至 2020 年 3 月，我国手机网民规模达 8.97 亿，新增手机网民 7992 万，网民中使用手机上网的人群占比由 2018 年底的 98.6% 提升至 99.3%。[①] 传统媒体的受众在大规模转向移动端，广告投入也转到了移动端。2016 年移动广告占互联网广告市场的份额增长至 60.35%，首次超过非移动端市场，成为互联网广告业的主体。[②] 根据美国市场研究公司 eMarketer 的测算，到 2021 年，接近 60% 的媒体广告开支和接近 82% 的数字广告开支将投向移动领域。[③] 据群邑智库发布的《中国媒体市场概览》统计，2017 年第一季度与上年同期相比，在传统媒体广告刊例总体下降的同时，互联网广告增长了 15.4%。移动互联网原生态媒体趣头条成立仅两年便在美国成功上市，其招股说明书介绍，趣头条 2016 年营收 5795 万元，2017 年营收 5.2 亿元，2018 年上半年营收 7.2 亿元。[④] 同样是移动互联网原生媒体的北京字节跳动公司，2018 年营收近 500 亿元，其中今日头条 290 亿元，抖音 180 亿元。[⑤] 移动互联网不仅聚集了亿万用户，也吸引了大批广告主。

受众巨量转移到移动端，传统媒体必须改变自身，实现移动化转型，才能重新赢得受众，重获生存与发展之机。

---

① 中国互联网络信息中心：《第 45 次中国互联网发展状况统计报告》，中国网信网，http：//www.cnnic.net.cn/hlwfzyj/ hlwxzbg/hlwtjbg/202004/P020200428596599037028.pdf，2020 年 4 月。

② 尚普 IPO 咨询：《中国移动互联网广告行业深度研究》，快资讯网，http://sh.qihoo.com/pc/9b0cc679990e8f211？cota＝4&tj_url＝so_rec&refer_scene＝so_1&sign＝360_e39369d1，2018 年 5 月 3 日。

③ 《传统媒体广告：如何破局自救》，搜狐网，https://www.sohu.com/a/135099532_708049，2017 年 4 月 20 日。

④ 《趣头条 2018 上半年营收实现 5 倍增长》，企业网，https://www.admin5.com/article/20180907/875199.shtml，2018 年 9 月 7 日。

⑤ 零和、罗素：《金融流量大迁徙：今日头条系崛起，腾讯系"没落"》，新浪网，http：//finance.sina.com.cn/money/bank/bank_hydt/2019－01－08/doc－ihqfskcn5096120.shtml，2019 年 1 月 8 日。

（2）传统媒体的移动化转型是治国理政、定国安邦的需要

在中国革命战争时期，中国共产党创办、领导的报纸和广播电台，是对敌斗争的锐利武器，是团结、动员、鼓舞民众的重要工具。毛泽东主席多次讲到，我们改变旧中国，主要靠"两杆子"，"笔杆子跟枪杆子结合起来，那末，事情就好办了"①。在社会主义建设时期，党和政府一直把报纸、广播、电视作为重要的新闻宣传手段、重要的舆论工具，利用新闻媒体组织、动员、鼓舞全国人民建设新中国、奔小康。习近平总书记将党的新闻舆论工作视为"治国理政、定国安邦的大事"，强调"做好党的新闻舆论工作，事关旗帜和道路，事关贯彻落实党的理论和路线方针政策，事关顺利推进党和国家各项事业，事关全党全国各族人民凝聚力和向心力，事关党和国家前途命运"②。网络空间鱼龙混杂、泥沙俱下，其中有正确的观点、意见，也充斥着各种错误思潮、错误认知以及误解、曲解等等，"新闻舆论阵地，马克思主义不去占领，非马克思主义就会去占领；正确的东西不去占领，错误的东西就会去占领。这是一条铁律，也是事实。"③现如今，移动互联网上商业网站、商业公司的资讯类客户端吸引了大多数用户，自媒体也吸引了相当多用户。2016—2018 年，艾媒咨询做过多次中国所有客户端活跃用户月度排行榜。在这个榜单上，商业网站、商业公司的多数资讯类客户端都进入了 200 强，而传统媒体能进入 200 强的仅有人民日报、澎湃新闻和央视体育几个客户端，而且位次都靠后。

怎么去占领移动端的舆论阵地呢？这有赖于传统媒体在移动端的强大，而这个强大既是传播力的强大，也是经济实力的强大。这

---

① 《毛泽东文集》第二卷，人民出版社 1993 年版，第 257 页。

② 《习近平谈治国理政》第二卷，外文出版社 2017 年版，第 331—332 页。

③ 杨振武：《把握好政治家办报的时代要求——深入学习贯彻习近平同志在党的新闻舆论工作座谈会上的重要讲话精神》，《人民日报》2016 年 3 月 21 日第 7 版。

只能通过移动化转型来实现。

（3）传统媒体移动化转型是提升我国媒体国际话语权的需要

第二次世界大战以来，以美国为首的西方发达国家一直掌握着国际话语权。互联网和移动互联网出现后，西强我弱的国际舆论格局并未改变。近20年来，我国传统媒体在加强国际传播能力、提升国际话语权方面作出了很大努力，也取得了一定的成绩，我们主流媒体对重大事件的报道、评论在国际上被转发的数量增多，人民日报、新华社、央视、中国日报等媒体在国外社交媒体上的账号，粉丝量巨大，每月所获得的点赞量、评论量、转发量都上千万。但是，以美国为首的西方媒体仍然掌控着国际舆论的主导权，发展中国家的话语权仍旧弱小。

虽然影响国际话语权的因素众多，提升国际话语权需要经过长期的、多方面的努力，但是实现媒体的移动化转型，做强新兴媒体，无疑是极其重要的一个方面。习近平总书记在中央全面深化改革领导小组第四次会议上的讲话中要求"着力打造一批形态多样、手段先进、具有竞争力的新型主流媒体，建成几家拥有强大实力和传播力、公信力、影响力的新型媒体集团，形成立体多样、融合发展的现代传播体系"，具有重要的战略意义。未来，拥有国际话语权的媒体，一定是拥有强大实力和强大的传播力、公信力、影响力，拥有完整现代传播体系的新型媒体集团。这样的媒体集团，要通过融合发展、移动化转型来实现。

二 国内外传统媒体融合与移动化转型的实践探索

互联网技术对所有的产业甚至个人都产生了革命性的影响，行业快速转型升级，行业之间的界限被打破，传媒业与通信业、IT业等快速融合，这为传统媒体的战略转型创造了新的机会和市场空间。20世纪90年代，互联网开始走向实用，传统媒体纷纷开通网络版，创办网站，尝试进行数字化传播。进入21世纪，网络传播蓬勃发展，互联网第一个十年以有线网络（PC）传播为主，第二个十年则全面进入移动互联网时代。正如风险投资机构凯鹏华盈前分析师米克尔所言，"20年巨变＝人们用各种移动设备实现了全天候联系"。① 移动互联网改变了人与人、人与社会的连接关系。那时，传统媒体已开始高度重视移动传播，有意无意地开始了移动化转型的探索。

1. 中国的媒体融合与移动化转型实践

中国传统媒体的移动化转型是近年才提出来的。先有移动传播的实践，后有移动化转型之说。

中国最早的移动传播，可以说是手机短信息的发布。早在1996年、1997年，就有媒体与运营商合作，利用中文BP机传递简短的新闻信息；2000—2001年，是中国媒体短信息爆发时期；2002—2004年，中国许多传统媒体都开展了短信息服务，随后出现了"彩信"和手机WAP网站。短信只能发布70个汉字的信息，单条彩信则可容纳5000个汉字的信息。2004年7月，《中国妇女报·彩信版》开通，成为中国第一份手机报。此后，传统媒体纷纷与电信运营商合作，推出自己的彩信手机报。在彩信手机报遍地开花之时，少数媒体推出了手机WAP网站。不过，手机短信、彩信和WAP网站只不过是中国传统媒体移动传播的前奏，智能终端的出现与普及才真正拉开了移动传播的帷幕。

中国传统媒体的移动传播是随着智能终端的普及和3G、4G的商用而大规模展开的。最初，最具代表性的移动传播是"两微一端"（微博、微信公众号和客户端）的传播。微博：虽然2010年被称为微博元年，但那时发微博、看微博主要靠PC机；3G普及后，网民主要通过手机浏览微博，微博成为传统媒体移动传播主渠道之

---

① Mary Meeker 的观点均来自其《2015 互联网趋势报告》，http：//www. kpcb. com/internet – trends；中文版见 http：//36kr. com/p/533356. html，36 氪网，2015 年 5 月 28 日。

一。微信公众号、客户端都是原生态移动产品：2012 年微信公众号开放，次年媒体微信公众号数量呈爆炸性增长；2009 年 10 月 28 日，《南方周末》发布我国第一款苹果手机客户端，2010 年 12 月，《中国日报》推出我国首款 iPad 客户端，2015 年后我国传统媒体纷纷推出新闻客户端，到如今绝大多数传统媒体都有了自己的新闻客户端。

除"两微一端"外，中国传统媒体还在头条号、企鹅号、搜狐号、网易号、抖音、快手、喜马拉雅、阿基米德、蜻蜓 FM 等聚合平台开设账号，发布图文、短视频、音频、动漫，进行视频直播，不少媒体还推出 H5 产品。总之，传统媒体都在利用多渠道、多平台展开全方位的移动传播。

移动传播是媒体移动化转型的前奏，是移动化转型的重要组成部分。中国传统媒体的移动化转型是在移动传播实践中、在移动传播基础上开始探索的。移动传播的初步成功，让传统媒体看到了移动化转型的希望，移动互联网的快速发展让传统媒体增添了移动化转型的紧迫感。

中国的媒体融合与传统媒体的移动化转型是同时进行的。以习近平同志为核心的党中央高度重视媒体融合发展，出台了一系列政策支持媒体融合，因此无论在实践中还是研究探讨中，人们都更多地提到媒体融合。媒体融合与传统媒体的移动化转型没有根本性区别，只是强调的侧重点不同。本研究侧重于移动化转型，但不可避免会涉及媒体融合。

除个别媒体如东方早报等停办原来传统媒体、整体转型移动媒体外，绝大多数传统媒体是在继续运营传统端的情况下不断加大移动传播、逐步开展移动化转型的。可以说采用的是摸索前行、小步慢走的方式转型。随着移动传播数量的增加、渠道的增多，逐步增加移动端人力物力的投入，同时进行机制体制创新，采用适应移动传播需要的采编流程、组织架构和激励方式。各类各级传统媒体，如报纸、广播、电视，地市级、省级、全国性媒体，各自条件不一，情况千差万别，移动化转型起步时间、资金投入、实施路径等不尽相同，转型的快慢、取得的成效也不甚相同。总体来看，转型都处在进行时，尚无完成的媒体，也无成功的典型。

传统媒体的移动化转型是媒体的生存与发展从传统端转向移动端，不仅主要受众来自移动端，而且经营收入也将主要来自移动端。转型后的媒体是生存于移动端、在移动端发展扩张的媒体。从中国传统媒体移动化转型的实践来看，因为可以借助商业公司强大的移动平台和渠道，移动传播容易取得较好的效果，但是，传统媒体移动端的经营收入都比较微弱，财力上难以支撑移动传播的"生产与扩大再生产"，更无法支持媒体从整体上转向移动端。影响中国传统媒体移动化转型的因素众多，这些因素可归为传播力因子和经营力因子，目前的情况是传播力因子稍强，经营力因子很弱，转型受到相当程度的制约。

2. 国外传统媒体融合与移动化转型实践

国外传统媒体融合具有开创意义的实践发生于 2000 年，美国佛罗里达半岛坦帕的综合媒体集团（Media General）将旗下的《坦帕论坛报》、坦帕湾在线网站、WFLA – TV 电视台的编辑部门整合进统一的"新闻中心"，在同一物理空间由"多媒体总编辑"统一指挥采访，这一模式引起了广泛关注。2007 年，BBC 开启了新的工作模式，不再按照媒体形态划分编辑部，而是根据生产流程的需要进行重组，把突发新闻和日常新闻、深度报道等分成两个编辑部，从生产流程上进一步变革，但是由于出口不统一，合作并不十分顺畅。

移动端产品日渐普及，推动媒体将产品向移动端迁移。国外传统媒体的移动化转型在试探中行进。2011 年 2 月，默多克新闻集团曾经推出《日报》，这是一款专门为 iPad 打造的新闻产品。2012 年 12 月 15 日，《日报》停刊，创办不到两年便"寿终正寝"。此类产品虽然从形态上看是基于移动互联网的新产品，但仍采用传统媒体的采编方式和盈利模式进行运作，与印刷版非常相似，依然延续着传统媒体的基因，而不是从移动互联网特性出发产生的新媒体形式。《日报》的探索虽然没成功，但为其他媒体的移动化转型提供了借鉴。

随着用户的迁移，以市场为主导的美国媒体纷纷开启向移动端的转型。其中《纽约时报》的探索颇受瞩目。依托其优质的内容生产，《纽约时报》在内容变现上采取了付费墙的方式。付费墙有"硬"付费墙和"软"付费墙两种类型。"硬"付费墙被形象地称为"水泥墙"，如果不付费，用户完全看不到"墙内"的内容。"软"付费墙则是"篱笆墙"，可以"管窥"墙内"风光"，即在不付费的情况下，受众能够阅读部分内容。最广为人知的是《纽约时报》的"篱笆墙"，读者每月可以在线免费阅读一定数量的内容，要想获得更多的独家内容，则需支付一定的费用。

在组织结构上，《纽约时报》也进行了变革和重构，注重数据的积累和分析，注重与用户的关系，分别增设了数据分析小组和读者拓展小组，并以采编部为核心带动集团内部其他部门紧密合作。其移动化转型思路已完全不同于传统媒体，而是根植于移动新技术新环境。此外，《纽约时报》还积极拓展服务，向电商、娱乐、物联网等领域延伸。《纽约时报》的转型在一定程度上代表了发达国家媒体转型的方向，它基于互联网开放、共享的特性，媒体的内容和形态边界都在逐步消失。

BBC在组织架构上采取了"中央厨房"的模式，打造统一的多媒体新闻编辑部，形成了八个中心，分别是新闻中心、视觉中心、音频与音乐中心、北部中心、市场与受众中心、运营中心、金融与商务中心以及未来媒体与技术中心。每个中心都相当于神经中枢，具有集中指挥、高效协调、信息沟通等功能，一切从产品出发。在编辑室的布局上，BBC建成了"蜘蛛网"式的融媒体中心，人员混合编排、一体办公。采访、编辑、技术等各部门能够以最便捷的方式进行沟通，实现扁平化管理和功能集成，形成"一次采集、多种产品、多媒体传播"的工作格局。

在传统媒体的转型发展中，与社交平台的合作也是一种重要的趋势。Facebook 推出 Instant Articles（新闻快读）功能不久，就为《卫报》网站贡献了近 20% 的流量。直播和短视频的兴起，更强化了媒体和社交平台的连接。以 2016 年下半年为一个时间节点，大批媒体纷纷向短视频和直播发力。《华盛顿邮报》等媒体专门为 Facebook、Snapchat、Instagram 和 Roku 等不同的社交平台制作视频内容，而不是把同样的短视频分发到不同的社交平台，以 "确保在正确的时间、正确的平台上，讲述一个正确的故事"。①

三 国内外传统媒体移动化转型的研究现状

传统媒体式微，新兴媒体爆发，移动端成为信息传播的主要端口，这是传播业的大趋势，自然引起了国内外学者、业界的广泛关注，很多学者和业内人士对此进行了不断的研究。

1. 国内传统媒体移动化转型研究情况

国内的相关研究大体上可分为两类：移动传播研究和移动化转型研究。

关于移动传播研究，大体上也可分为两类：一类是业界的经验、做法的总结，一类是学者对移动传播的调查分析与研究探讨。因为我们国家党和政府对此高度重视，要求传统媒体与新兴媒体融合发展，这些研究介绍文章往往将移动传播与媒体融合放到一起谈，或者在谈媒体融合时大量涉及移动传播。这些文章分析介绍了许多传统媒体开展移动传播、发展新兴媒体的经验、做法，如人民日报社、新华社、央视、澎湃新闻、界面新闻以及许多省级媒体，涉及的平台、渠道众多，如微博、微信、客户端以及近来兴起的抖音、快手等。朱春阳、张亮宇等对澎湃新闻移动化转型进行了研究，从传播

---

① Mary Meeker 的观点均来自其《2015 互联网趋势报告》，http://www.kpcb.com/internet-trends；中文版见 http://36kr.com/p/533356.html，36 氪网，2015 年 5 月 28 日。

策略和经营策略两个方面论述澎湃新闻的移动化转型，特别指出在盈利能力方面，澎湃新闻并没有跳出"优质内容、积累用户、二次贩卖、广告收入"的传统媒体外生收入模式。① 徐琦、胡喆认为，从全球报业发展新媒体的经验来看，盈利无外乎考虑两种模式：一是广告收入，二是用户付费收入。史素琼等以人民日报客户端为例，分析了互联网思维下传统媒体移动化转型所体现的用户思维、入口思维和互动思维，同时指出了互联网思维下传统媒体移动化转型中的不足。② 乔双双、张贤平选取南方报业传媒集团媒体转型重点探索工程——"南方＋"新闻客户端进行案例研究，对其移动化转型的措施进行梳理和分析，以期能够对我国纸媒移动化转型发展提供可资借鉴的经验。③ 这些研究选取主流媒体中具有代表性的案例进行剖析，从实际出发进行探索和思考，虽然理论性不足，但对于经验的总结提炼、对于问题的发掘，都颇有意义和价值。

关于对传统媒体移动化转型的研究探讨，主要来自学者，着眼于移动互联网的特点和发展趋势，对传统媒体的移动化转型提出了自己的观点。一些学者谈了自己对移动化转型的理解和认识，彭兰指出移动化是媒体产品迁移的基本方向，但是，它并非一种简单的搬迁，而是一次媒体产品的系统性升级，在此基础上她提出了媒体进行移动化转型需要具有垂直化产品思维、精准分发思维、场景化传播思维等。④ 陈昌凤等学者认为，移动技术在时空上解放了阅读者，人们获取信息的时机变得零散且随机。从产品意义上来讲，移动新闻业提供的信息咨询、内容整合等服务，是在开拓不同于过去

---

① 朱春阳、张亮宇：《澎湃新闻：时政类报纸新媒体融合的上海模式》，人民网，http：//media. people. com. cn/n/2014/0825/c388255 -25535155 -2. html，2014 年 8 月 25 日。

② 史素琼：《浅谈互联网思维下传统媒体的移动化转型——以〈人民日报〉手机客户端为例》，《新闻研究导刊》2015 年第 10 期。

③ 乔双双、张贤平：《纸媒移动化转型生态圈研究——南方报业新闻客户端"南方＋"的探索与启示》，《新闻传播》2017 年第 1 期。

④ 彭兰：《传统媒体转型的三大路径——移动化、社交化、智能化》，《新闻界》2018 年第 1 期。

的新型产品，无论其生存环境、生存方式还是受众情况，都已与传统媒体或互联网信息服务有了一定的质的区别。①

还有一些学者对于转型的路径和策略进行了思考，王卉、张文飞、胡娟等学者认为，传统内容机构应该在移动互联网的框架和逻辑下理解用户和市场，充分利用网络平台与技术，重视与用户建立有效连接，把握用户个性化需求，在内容产品与服务、传播渠道与方式上创新，从而实现商业模式创新与业态转型。② 蔡雯则指出"洞察用户"才是在移动媒体时代制订策略的起点。③ 郭全中坚持"用户体验为王"和"信息服务为王"，认为传统媒体应积极培植技术基因，为全媒体插上技术之翼；立于自身优势，采取适应互联网规律的商业模式和盈利模式；完善体制机制建设，为全媒体建设提供良好的环境。④ 杜洁莹等认为，传统媒体在移动互联网时代要把握内容优势，填补优质信息稀缺空白，做高质量内容提供商。⑤ 学者们结合移动互联网时代信息流动的突出特征，提出移动化转型要注重社交性，为新闻产品嵌入社交属性。⑥ 还要注重视频化开发，注重用户体验与人文关怀。⑦

这些研究，从宏观和微观两个层面对我国媒体移动化转型的实践进行了总结、分析和探索，为本书研究提供了较为丰富的素材，有重要的参考价值和启迪作用。只是，这些成果对于传统媒体移动化转型路径的系统性研究还比较欠缺，在路径研究基础上提出的具

① 陈昌凤、仇筠茜：《移动化：媒介融合的新战略》，《新闻与写作》2012 年第 3 期。

② 王卉、张文飞、胡娟：《从今日头条的突破性创新看移动互联网时代内容产业的发展趋势》，《科技与出版》2016 年第 6 期。

③ 蔡雯：《"全媒体战略"中的内容生产创新———对新形势下传统媒体转型的思考》，《新闻战线》2013 年第 1 期。

④ 郭全中：《全程全息全员全效媒体创新探析》，《中国出版》2019 年第 2 期。

⑤ 杜洁莹：《自媒体时代传统媒体"移动化"转型路径及策略》，《西部广播电视》2017 年第 7 期。

⑥ 李政：《北京市属媒体移动传播效果及转型策略分析》，《中国记者》2018 年第 12 期。

⑦ 唐嘉仪：《传统媒体"移动化"转型路径及策略探究》，《新闻研究导刊》2017 年第 1 期。

有可操作性和前瞻性的转型策略也相对较少。因此，传统媒体的移动化转型路径与策略研究，还亟待更具全局性、系统性的研究。

2. 国外对传统媒体移动化转型的研究

国外对媒体融合、移动化转型的研究已经延续了 30 多年，形成了三个主要的研究取向。一是作为产品的融合，有学者认为，融合是指媒体之间界限的模糊，一种物理方式可以同时提供过去多种媒体分别提供的服务；互联网普及之后，又有学者认为，融合就是指互联网与其他媒体融为一体，不同媒体平台将汇合，新的内容和应用将出现。二是作为系统的融合，融合现象使不同的领域彼此关联，产生互惠影响。综合来看，涉及的层面包括设备、网络、技术、内容、产品、终端、所有权、组织机构、人力资源、服务、商业模式、市场、监管等诸多方面，媒体融合是诸多方面的融合。三是作为流程的融合。① 很多学者认同的观点是融合分不同阶段进行，融合是一个循序渐进的过程，是一个"连续体"，各家媒体或不同的媒体市场可能处于不同的融合阶段。有学者提出了"融合序列模型"，把融合分成"互相推荐""克隆""竞合""内容分享""全面融合"五个阶段。② 在"全面融合"阶段，新闻采集、制作、传播的整个流程都有深度合作，来自各个合作机构的新闻工作者联合办公，共同策划、制作，报道新闻，决定哪一部分用什么媒体形态来呈现更有效。

国外一些学者对移动互联网时代媒体的特点和趋势做了独到的分析和研究。美国人乔纳森·格里克在 2014 年发表《平台型媒体的崛起》一文，他创造了"Platisher"这个词，引起了广泛关注。③ "Platisher"由"Platform"（平台商）和"Publisher"（出版商）合成，此后撰稿人 Digiday 对这个词下了更为明确的定义：平台型媒

---

① 刘莹：《配合、竞合与融合——国外媒体融合的探索和尝试》，《对外传播》2014 年第 12 期。

② Infotendencias Group (2012) Media Convergence. The Handbook of Global Online Journalism, (eds.) Eugenia Siapera and Andrea Vegli (Oxford : John Wiley & Sons Inc), 2012, pp. 21 – 38.

③ 喻国明、焦建、张鑫：《"平台型媒体"的缘起、理论与操作关键》，《中国人民大学学报》2015 年第 11 期。

体是指既拥有媒体的专业编辑权威性，又拥有面向用户平台所特有的开放性的数字内容实体。① 随着用户向移动端的不断集中，媒介使用的随时随地性也推动媒体从原本专业、专一的"内容＋渠道"生产模式向"开放、分享、互动"的入口型平台转化，跨界、跨领域为用户提供满足多使用场景的复合服务，即不是单靠自己的力量做内容和传播，而是在移动端打造一个具有规则和各种服务功能的平台，向内容提供者、服务提供者开放，以海量丰富资源与增值服务来满足用户多维度的需求。罗伯特·斯考伯等最先提出了"场景"（context）概念，他在《即将到来的场景时代》中指出，移动设备、社交媒体、大数据、传感器和定位系统是移动互联网的"场景五力"，其所营造的内容场景将帮助每个个体获得前所未有的在场感。"在未来25年，场景时代即将到来。"②

传统媒体的移动化转型仍在进行中，这也许是一个较长的过程。前述对传统媒体移动化转型实践的总结、对媒体融合及移动化转型的研究探讨，各有侧重，对本书的研究颇有参考价值。目前，国内外对传统媒体移动化转型路径的研究甚少，我们将参考、借鉴国内外的研究成果，总结中国传统媒体移动化转型的经验教训，梳理传统媒体移动化转型的路径，提出对传统媒体移动化转型有帮助、有价值的策略建议。

四 核心概念界定

1. 传统媒体

传统媒体是对报纸、广播、电视以及杂志的统称，本书的研究

---

① 喻国明、焦建、张鑫：《"平台型媒体"的缘起、理论与操作关键》，《中国人民大学学报》2015年第11期；邵林：《基于互联网逻辑的平台型媒体研究》，《南京邮电大学学报》（社会科学版）2015年第12期。

② ［美］罗伯特·斯考伯、谢尔·伊斯雷尔：《即将到来的场景时代》，赵乾坤、周宝曜译，北京联合出版公司2014年版，第21页。

主要集中于新闻性较强的报纸、广播、电视（同时将涉及这些媒体所创办的新闻网站）。互联网特别是移动互联网出现后，新的传播手段、传播形态、传播方式及传播渠道、传播平台不断出现，它们被统称为新兴媒体，与之相对，原有媒体——报纸、广播、电视及杂志，便被称为传统媒体。传统媒体与新媒体虽然都是信息传播的工具，但两者在传播主体、传播内容、传播载体、传播渠道、传播方式、传播手段、传者与受者之关系上，在时效性、互动性等方面都有很大的不同。传统媒体是信息时代之前、适应传统社会需要的媒体，新媒体是信息时代的媒体，在互联网尤其移动互联网高度发达的今天，传统媒体日渐式微，融合发展、向新媒体转型是所有传统媒体的共同课题。

2. 移动化转型

"型"者，原指铸造器物的模子。《说文·土部》曰："型，铸器之法也。"段玉裁注解说："以木为之曰模，以竹曰范，以土曰型。"引申为"类型""样式""形态""模式""模型"等。所谓"转型"是指某种类型或形态模式的改变，主要是指由一种形态向另一种形态转换。

"转型"（transformation）一词最早出现在工程领域，是指对事物进行一种较为彻底的革命性变革，于 20 世纪 80 年代引入经济管理领域。从内容上看，企业转型是一种范式转换，是战略与组织行为相结合的、整体性的变化方式，是一种对自我认知方式的彻底转变，包括在管理理念、思维方式和价值观等方面的彻底变革，并伴随着企业战略、结构、行为方式、运行机制等方面的全方位变革。传统媒体的移动化转型，是指传统媒体整体上向移动传播转移，从依存于传统形态的生存发展转向依靠移动互联网的生存发展。传统媒体的移动化转型，需要转变发展途径、发展方式，它包括媒体的内容生产主要面向移动终端，新闻信息的受众、媒体服务的用户主要来自移动终端，媒体的人财物等资源投入主要集中在移动传播，媒体的收入主要来源于移动传播，媒体的传播力、影响力主要体现在移动终端。

3. 移动化转型路径

从汉语词典在线查询来看，"路径"有两层含义：一是指通向某个目标的道路（相对应的英语词汇为：path，route；way）；二是指门路、办法（相对应的英语词汇为：method；ways and means）。从目前收集到的关于路径研究的文献来看，一般都将"路径"作为约定俗成的概念使用，鲜有对这一概念的具体阐释，但细究其对"路径"一词的使用，则分别围绕上述两层释义展开，一类将路径用作"道路、轨迹"，另一类将路径用作"途径、方法"。前者更加强调阶段和步骤，后者更侧重于方式方法。在本研究中，传统媒体的移动化转型路径是指传统媒体从传统形态的媒体转向移动化生存和发展的媒体的途径和办法。

4. 策略

策略一般是指可以实现目标的方案集合，或是根据形势发展而制定的行动方针和斗争方法，有计策、谋略之意。实现某一个目标，需要预先根据可能出现的问题制定若干对应的方案，在实现目标的过程中，也需要根据形势的发展和变化来调整原先的方案或制定新方案。本书所研究之"策略"是传统媒体移动化转型之总体、系统性方案，是一系列转型对策、办法、方略。

五　研究方法、框架与创新

1. 研究方法

（1）桌面研究法

桌面研究法（Desk Research）是直接通过图书、杂志、数据库、文档、互联网等搜索二手资料进行分析和研究的方法，也称为案面研究、"二手资料研究"方法。通过二手资料了解项目研究现状，得出一定分析结果，可以为下一步研究奠定基础。在整个研究过程中，桌面研究法是持续进行的，不断积累和更新资料，认识逐步加深，研究步步深入。在本书中，我们利用桌面研究法，收集、整理了国内外传统媒体移动传播及其移动化转型的大量文献资料，包括转型实践经验、探索与体会文章，学者的调研报告、论文等，旨在尽可能多地掌握资料，为本书研究打下基础。

桌面研究法要注意对资料进行甄别。本书谨慎使用媒体作者撰写文章提到的阅读量、浏览量、点击量、下载量、用户数等数据，因为这些数据常常被滥用、乱用，主要表现在：将下载量等同于用户数，将点击量视为浏览量或阅读量，将粉丝数视为传播到达人数，还有的虚报阅读量、浏览量等。本书尽量采用第三方数据，在没有第三方数据但又需要使用一定数据时，尽量使用甄别后的数据。

（2）调查研究法

我们分别在北京、上海、天津、湖北、湖南、江西、江苏、浙江等地对人民日报社、中国青年报社、上海报业集团、上海文广集团、天津海河传媒中心、湖南日报报业集团、湖北日报报业集团、湖南广播电视台、湖北广播电视台、红网、江西日报社、江西分宜县融媒体中心、苏州广电传媒集团、浙江长兴传媒集团、浙江安吉新闻集团等媒体开展移动化转型相关调研，访谈了媒体集团层面的领导、移动端以及技术等方面的负责人，对相关媒体转型思路、转型实践、成效与存在问题等进行了调研，获得了大量的第一手资料。每次调研后，都对调研获得的材料进行分析研究，与桌面研究获得的材料及其他调研材料进行比较分析，力求对调研单位有比较深入的认识。

（3）案例分析法与类推法

案例分析法（Case Analysis Method），又称个案研究法，是由哈佛大学于1880年开发完成，后被哈佛商学院用于培养高级经理和管理精英的教育实践，逐渐发展成今天的"案例分析法"。案例分析法指结合文献资料对单一对象进行分析，得出事物一般性、普遍性规律的方法。本书的案例分析是将实地调研获得的第一手资料与文献资料结合起来，对单一对象进行分析。通过对调查研究法、桌面研究法掌握的大量材料进行归类分析、对比研究，总结归纳出中国传统媒体移动化转型的四种路径，每种路径选择一家最具代表性的媒体作为个案进行研究。这四家媒体是：人民日报社、上海报业集团、江西日报社、天津海河传媒中心。案例分析法主要分析这四家媒体、媒体集团。

类推法是通过分析不同事物的某些相似性类推其他相似性，从而预测出它们在其他方面存在类似的可能性的方法。

案例分析法和类推法是本书采用的主要研究方法。首先是案例分析，对传统媒体移动化转型某一路径最具代表性的个案进行介绍、分析之后，由案例媒体的特性类推其他媒体的相似性，从而得到这一类媒体共同的转型路径。采用此分析法，本书归纳出中国传统媒体移动化转型的四种路径。

不同媒体，情况各不相同。在移动化转型实践中，即使具有较多相似性的媒体，也会存在一些甚至较多差异，这是我们在分析研究中遇到的实际困难，也是类推法本身存在的缺陷。我们在研究中注重从媒体移动化转型途径、方法的主要方面寻找相似性并进行类推，从而归纳、概括出媒体的移动化转型路径。归于同一路径的媒体，其转型的具体方式、方法会有不同，但相对于其他路径而言，它们有较多共同之处、相似之处。

2. 本书的研究框架

本书围绕"移动互联网时代传统媒体移动化转型路径及策略研究"这一主题，从回顾、总结中国传统媒体不断扩展、深化的移动传播入手，探寻传统媒体在开展移动传播过程中是如何逐步实施转型的；在实地调查和桌面研究基础上，归纳出传统媒体移动化转型的四种路径，并对其作出评析；研究发现传播力因子与经营力因子决定着传统媒体的移动化转型，双因子共有三种组合模型，其中两种有利于传统媒体移动化转型，另一种模型很可能导致转型不成功；最后，我们提出了传统媒体移动化转型的策略性建议。

本书共分六章。第一章，绪论，介绍研究背景、意义及文献综述、研究方法与创新等。第二章，介绍中国传统媒体对移动传播的探索，从手机短信、彩信开始，到利用微博、微信、客户端及各类第三方平台进行全方位移动传播。第三章，分析传统媒体的移动化转型：在移动传播活动中自觉与不自觉地迈出移动化转型步伐。第四章，归纳、分析我国传统媒体移动化转型的四种路径。第五章，指出传播力、经营力"双因子"对传统媒体的移动化转型具有决定性影响，"双因子"的三种组合模型对媒体的移动化转型有各不相同的影响。第六章，研究传统媒体移动化转型策略，从五个方面提出对策建议。

3. 本书的研究创新

（1）调查、总结、系统梳理中国传统媒体移动化转型路径

在实地调研和桌面研究过程中，我们发现中国传统媒体在融合传播、移动化转型方面各自根据自身资源和优势，进行了多方面的探索，其转型探索的途径、方法，有相似、相近的，但也存在差异性。经过反复比较分析，发现中国传统媒体移动化转型可以总结归纳为四种途径、方法，我们称之为路径。这是到目前为止尚无人分析研究过的。

我国传统媒体融合发展、移动化转型正在进行，转型的过程可能比较漫长，无论哪一种路径都会遇到困难和问题，会有曲折，也许四种路径都能走通，也许有的路径能走通，有的路径最终走不通。从目前的情况来看，这四种路径孰优孰劣还不好说，但适合于媒体自身发展的，都是好的。我们对四种路径都有所评析，这是基于我们调查、研究的认知而作出的，评析是否正确，尚需实践检验。

（2）提出转型双因子论——传播力因子、经营力因子

在调查、研究过程中，我们发现影响传统媒体移动化转型的因素多种多样，涉及方方面面。每一种因素究竟在多大程度上影响和决定着媒体移动化转型？这实在是一个很难回答的问题。不过，我

们发现，影响传统媒体移动化转型的因素虽然众多，无法逐一列出、细细分析，但可以将它们概括为两类，我们称之为"双因子"——传播力因子与经营力因子。这两个因子是移动化转型中的决定性因素，既各自独立又相互关联，进而影响媒体的转型。传播力因子是决定媒体传播力之各因素的总和，而传播力是媒体及媒体平台所传播的信息、观点抵达用户，进而影响用户和社会的能力。传播力因子越强，能够影响的用户越多，对用户的吸引力越强，对传统媒体移动化转型越有利。经营力因子是决定媒体营收能力各因素的总和。媒体的营收能力可分为传统端营收能力和非传统端营收能力。在传统端营收能力持续下降的情况下，媒体移动化转型有赖于非传统端营收能力的增强，有了经济实力才能支撑传统媒体的移动化转型，更何况发展新媒体本身需要大量的投入。非传统端营收能力包括移动端营收能力和既非移动端又非传统端的营收能力。之所以用"非传统端"而不是特别强调移动端营收能力，一是因为传统媒体移动端的收入还比较微薄，二是因为我们在调研中发现一些媒体在移动端之外开拓了一些非传统端的经营项目，收入还比较可观，对媒体转型很有帮助。我们认为，只要是非传统端的、合法合规且具有持续增长潜力的营收能力，都是媒体在转型过程中需要重视和努力争取的。

研究中，我们还发现，传统媒体在移动化转型过程中，传播力因子与经营力因子齐头并进，双因子都有较好的发展势头，那当然很好。但是，如果一个因子强一个因子弱，那也不算坏事，只要较强那个因子"根正苗壮"，发展得好或比较好，前景可喜，那也是比较有利于媒体移动化转型的。因为，一个因子强大，能为另一因子的发展创造条件，比如传播力真正强大，即使暂时没有多少收入，未来肯定能获得较好的广告等经营收入；如果媒体在转型过程中，传播力因子较弱但经营力因子强，未来可以通过加强传播力方面的人力物力及技术投入，使传播力因子逐渐强大起来。最大的麻烦在于，媒体在转型过程中，传播力因子和经营力因子都很弱，而且看不到改变的希望。这样的媒体会面临很大的危机，如果没有外力的援助（比如财政资金等支持），这些媒体要么被收购兼并，要么倒闭。

六 研究结论

中国传统媒体的移动传播从手机短信、彩信开始，但手机短信、彩信和 WAP 网站只是移动传播的前奏，智能终端的出现与普及才真正拉开了传统媒体移动传播的帷幕。

在不断扩展、深化移动传播的活动中，传统媒体缓慢地开启了移动化转型。到目前为止，传统媒体的移动化转型尚处于早期阶段，绝大多数传统媒体的工作重心、人员配置重点、营收主要来源都仍在传统端。

在持续的移动传播、移动化转型实践中，传统媒体探索出四种转型路径，分别为：依托原有品牌全面推进移动传播，依移动传播之需迈出移动化转型步伐；全方位布局，多点发力，努力构建新型传播集群；以技术服务为先导，通过移动传播平台的扩张带动媒体移动化转型；行政整合报纸、广播、电视，以集团化方式进行媒体融合、移动化转型。四种路径都未成熟成型，都在发展和完善中。

传统媒体移动化转型的快慢、成功与否，由传播力、经营力"双因子"决定。"双因子"的组合有三种模型："双因子"都强的模型最为有利于媒体的移动化转型；"双因子"一强一弱，有可能转型成功；"双因子"皆弱的媒体，且短期内无法改变，则转型无甚希望。

传统媒体要顺利实现移动化转型，需要做强传播力因子和经营力因子。做强"双因子"，需做好五"变"：变"脑"——提升认识，转变观念，确立适应移动互联网发展的思维；变"技"——采用新的传播技术，构建新的传播平台，改变"技"法，提升"技"能"技"艺；变"身"——改变形态，强健"体魄"，做强移动传播，成为新型主流媒体，形成现代传播体系；变"式"——改变经营方式、模式和手段，学会在新媒体在移动端挣钱；变"智"——以智能化改造提升移动传播效率与传播力、经营力。

五"变"相互联系，变"脑"是前提，是先导，但其他四"变"不可或缺。媒体依据自身资源禀赋，在五"变"上使足了劲儿，移动化转型就能成功。

第二章

中国传统媒体的移动传播探索

我国传统媒体与移动传播技术的结合有一个由少到多、由表及里、由浅入深的渐进发展过程。从发送文字短信息到移动客户端开发应用，从局部零星的移动技术应用到整体移动传播模式的引入，从几家媒体的先行尝试到全行业的普遍采纳，我国传统媒体的移动传播已有了 20 余年的实践。

一　以发送文字短信息为代表的移动传播初始

在手机普及之前，中国存在过一段"固定电话 + 寻呼机"的"移动"时代。随着字符机型的出现，寻呼机向多功能发展，不只是提供简单的呼叫服务，还能提供股市行情、天气预报、标题新闻等简单的信息，甚至包括小说广播之类的娱乐性服务，一些寻呼机还为笔记本电脑、电子记事本等电子产品设置接口，出现了润迅等一批专门从事相关服务的公司，[①] 成为移动传播的"史前史"。中国传统媒体的移动传播探索正式开始于手机普及之后，其表现是手机短信息（又称短消息，简称"短信"）的普遍推出。

---

① 田纪鑫：《邮电无线寻呼的未来走向分析》，《邮电商情》1996 年第 20 期。

1996 年，国内已有文章介绍手机"短信业务"。[①] 1997 年，我国昆明市率先将移动电话的短消息服务投入应用。短信在中国大陆的全面铺开肇始于 2000 年，主要动因有以下三个方面。一是支持中文文字传输功能的手机普及。自 1998 年诺基亚推出第一款支持中文短信输入的手机后，各手机厂商纷纷效仿。手机逐步由双向语音通信工具，变成了兼具语音和文字信息双向沟通的工具。二是移动用户的快速增长。1999 年，我国手机用户 4329.6 万人；2000 年达到 8453.3 万人，较 1999 年几乎翻番；2001 年，手机用户数超过一亿（见图 2-1）。同年 7 月中国成为拥有手机用户最多的国家。三是电信运营商看重移动增值业务，从短信业务正式上线起，电信运营商就将短信与增值业务绑定在一起。

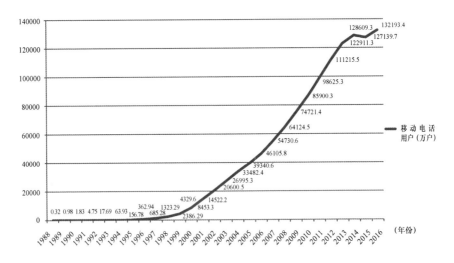

图 2-1 1988—2016 年中国移动电话用户数量（万户）
资料来源：根据《中国统计年鉴》整理。

借助海外先进的移动传播技术和成熟市场，一些传统媒体首先在境外开展移动传播应用，这比在国内早。2000 年 6 月 19 日，人

---

① 刘满、梅加珍：《GSM 数字移动通信系统的各种业务》，《广东通信技术》1996 年第 5 期。

民日报社所属的人民网在日本成功开设日文版 Imode 手机网站，并与当地电信运营商合作推出了中日双语短信新闻，呈现多媒体内容，使其成为日本手机网络上最早的外国媒体，也让人民网成为最早使用移动互联网的中国新闻媒体。至 2004 年底，人民网日文版手机网站月均浏览量达到 100 万，在拓宽新闻发布方式的同时，充分借鉴了日本手机网络完善的传播系统和渠道，扩大了人民日报及人民网在日本的知名度和影响力。①

从一开始，电信运营商就利用其独有的渠道和技术优势，推广短信资讯业务。2000 年悉尼奥运会期间，中国移动公司主动邀请新浪、搜狐等四家网站合作推出"奥运短信"服务，订阅费与通话费由用户每月一并缴纳，中国移动与内容服务商按比例分成。结果，所获利润超乎网站预想。搜狐首席执行官张朝阳曾说："搜狐发挥信息资源的优势，中国移动发挥通道优势，不仅满足了用户的实际信息需求，开辟了一个前所未有的市场，而且为前景无限的无线互联网服务和移动商务提供了一个崭新模式，大大超出预期的效果。"② 商业网站纷纷与电信运营商合作开展短信定制服务，推出手机短信头条新闻、分类新闻、专题新闻等。新浪还曾提出"家事国事天下事，事事短信"。

商业网站与电信运营商成功合作之后，新闻媒体开始尝试短信业务。2001 年 7 月，扬子晚报率先开通手机短信业务——"扬子随身看"，推出各类服务栏目 40 多个，用户可在"新闻中心"定制各种新闻短信，在"服务超市"定制天气预报、彩票中奖号码等短信息，在"游戏乐园"定制游戏类短信息。定制栏目每天发送短信息（每条不超过 70 字）3—5 条。平均每条信息的订阅费为 0.1—0.2 元人民币。一些地方新闻网站如温州新闻网、东方网、河南报业网等

---

① 潘健：《我所经历的人民网日文版八年八个标志性事件》，何加正主编《人民网事》，内部出版物，2010 年，第 96 页。

② 《2000 年：搜狐手机短信服务（SMS）全面推出》，搜狐网，http://it.sohu.com/2003/11/24/03/article216000321.shtml，2013 年 11 月 24 日。

也开始涉足这一领域，开辟了内容传播、营销、盈利的新渠道。①

2001 年国内国际大事较多，如北京成功申办 2008 年奥运会、美国遭遇"9·11"恐怖袭击等，人们获取即时新闻信息的需求激增，促成新闻短信服务快速崛起（见图 2—2）。有数据显示，2001 年中国内地手机短信发送量达 156 亿条，其中 31 亿条是内容服务信息，新闻信息使用者占短信用户的 25.3%。②2003 年，新华社、人民网等主流媒体开始开展短信业务。2004 年，人民网短信正式用于"两会"服务，短信作为新兴新闻报道形式的地位逐渐被确立下来。③

文字短信业务对新闻部门的影响主要体现在三个方面。一是引发文体形式变化。因为短信用户每次只能接收或发送 160 个英文、数字字符或者 70 个中文字符，只能容纳类似于新闻简讯长短的文章。所以，新闻短信要用有限的字数尽量表达最核心、重要的新闻内容，一些新闻要素不得不被省略，文字高度凝练，一些缩略语等表述方式被应用于短信新闻，如"昨天"就要写成"昨"，惜字如金。二是时效性增强。用户要用与购买一份报纸相当的价钱来订阅短信新闻，而短信又无法提供报纸那样丰富的内容和长篇的文章，只能在时效性上多下功夫，如在 2003 年 2 月 1 日美国"哥伦比亚"航天飞机失事的报道中，网站刚刚发布快讯，1—2 分钟后短信便将相关新闻发送至用户手机。三是短信互动产生盈利新方式。短信除了传递新闻之外，还为传统单向传播的大众媒体提供了互动方式。2003 年，中央电视台《非常 6＋1》节目便引入了手机短信参与。观众在观看电视节目的同时，用短信发送评论或参与投票、竞猜等，所收取的短信费用，电视台与电信运营商按一定比例分成。短信互动带来的收入颇丰。2005 年湖南卫视"超级女声"的最后

①　闵大洪：《中国网络媒体 20 年（1994—2014）》，电子工业出版社 2016 年版，第 77 页。

②　张胜利：《手机短信：新闻发布新途径》，《新闻与写作》2003 年第 3 期。

③　刘滢：《手机：个性化的大众媒体》，人民出版社 2012 年版，第 36 页。

四场总决赛所创造的短信收入超过 3000 万元。①

　　媒体借助短信进行移动传播探索。这一探索有四个特点：一是探索的媒体都有网站运营经验。传统媒体在推出了被称为"第四媒体实验"的网络版（新闻网站）后，很容易就"搭上了无线通讯的快车，盯上了读者的拇指"②。二是本阶段受技术和资费限制，短信内容以文字为主，每日定时推送。三是围绕短信新闻发布，出现了一些技术创新，比如短信群发技术，2003 年 1 月，千龙网就独立开发了短信息群发管理软件"龙信 1.0 短信群发监控系统"。四是媒体开展短信业务，目的在于尝试新技术，扩大影响力，探索新的盈利增长点。扬州晚报负责人曾表示，推出"扬子随身看"主要是为了顺应传播技术发展潮流，发挥传统媒体新闻优势，寻求经济效益和社会效益新增长。③

（单位：亿条）

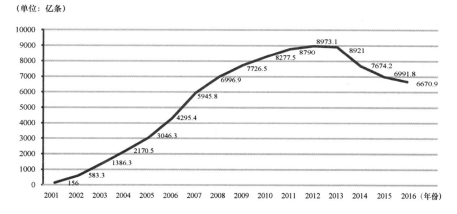

图 2 - 2　2001—2016 年中国移动短信业务量变化
资料来源：根据公开发布数据整理。

---

①　刘滢：《手机：个性化的大众媒体》，人民出版社 2012 年版，第 41 页。
②　王雪：《手机报为传媒带来了什么》，《中国传媒科技》2004 年第 8 期。
③　张东风：《扬子随身看引领手机短信新闻服务新潮流》，《中国传媒科技》2002 年第 9 期。

二 以彩信手机报、WAP 为代表
的移动图文传播

2002 年 5 月 17 日中国移动通信 GPRS（通用分组无线服务技术）业务正式投入商用，在原 GSM（全球移动通信系统）网络的基础上叠加了支持高速分组数据的网络，向用户提供 WAP 浏览（浏览互联网页面）、E - mail 等功能，实现了移动通信技术和数据通信技术的结合，使移动端开始与 PC 端走向融合。同年 10 月，中国移动在此基础上推出了多媒体信息业务（MMS），经向全国征集新业务名称，最终定名为"彩信"。与短信支持 70 个汉字以内信息容量相比，单条彩信 5000 个汉字的信息容量大大拓展了短信新闻的空间。彩信支持文字、图像、声音等各种多媒体信息，彩信新闻的展示形式也比文字短信新闻更加丰富。彩铃、手机首屏背景图等都成为彩信增值服务的重要内容。2004 年 2 月，人民网推出国内首个以手机为终端的"两会"无线新闻网。同时，地方电信运营商与当地媒体纷纷合作建立 WAP 网络版，很多手机报都有彩信版和 WAP 版。

彩信和 WAP 发展的背景因素主要有三个方面：一是手机功能的演进，大量 STN 彩屏手机上市，不仅能够接收文字，还能显示彩色图片，部分手机还内置了照相和游戏功能。二是移动市场规模效应初现，中国手机用户在 2003 年已达 2.5 亿，手机短信的发送量估计年内将达到 1700 亿条，占全世界短信量的 1/3。[①] 三是 2003 年中国经历了 SARS 袭击，现实空间中面对面交往受阻，在特殊条件下，人们体验并接受了移动化交往方式，如可视电话、拍照手机为医务人员与亲属沟通交流提供了最佳方式。

---

① 闵大洪：《中国网络媒体 20 年（1994—2014）》，电子工业出版社 2016 年版，第 101—102 页。

　　结合移动技术的发展，新闻媒体进一步探索和利用了移动传播带来的种种便利。2003 年 6 月，千龙网彩信业务及 PDA 业务在中国移动开通，2004 年 7 月，全国第一家手机报纸《中国妇女报·彩信版》开通。随后，《家庭周末报》《中国青年报》《信息早报》《京华时报》《工人日报》等也陆续开通彩信版业务。2005 年 5 月，上海东方网的无线新闻网站开通。同年 12 月，人民网、新华网、千龙网联合创办了"掌上天下"WAP 网站。《中国日报》网站还打造中英文手机 WAP 网站，以图文直播重大事件、突发事件为特色，取名"直播中国"。①

　　手机端联网功能越发受到媒体重视，逐渐形成了新闻短信、手机报、WAP 网站并举的格局。《中国妇女报》相关负责人介绍说，开通报纸彩信版主要看重的是：手机是最便捷的数字终端、最普及的数字终端，拥有强大而多样的功能。② 时任该报总编辑卢小飞表示，"我们意识到，它（彩信）可能就是传媒界所讨论的第五媒体即将形成的时刻"。

　　彩信手机报和 WAP 网站给媒体带来了以下变化。一是在组织上，独立采编队伍初步形成。文字短信形式简单、内容简短，通常由媒体人员兼职负责编辑发送。但是，手机报不再满足于摘编传统媒体的内容，"手机记者""手机主持人"开始出现。二是在形态上，多媒体展现，内容更加丰富。2006 年无锡新传媒网和中国联通推出《无锡手机报》，不仅图文并茂，还预留了音视频功能。媒体更加注重移动端显示的首屏效果，多采用大图加大标题的形式。三是在功能上，除了提供内容，彩信手机报突出服务与互动功能，例如在 2008 年汶川地震中，人民网、新华网等都推出抗震救灾手机报，传达中央抗震救灾部署及具体措施，同时传播自救常识等实用

---

　　① 王棋：《新闻媒体借力移动互联网寻求新发展》，《中国移动互联网发展报告（2012）》，社会科学文献出版社 2012 年版，第 267—268 页。

　　② 《中国妇女报：手机媒体的传播价值》，慧聪网，http：//info. research. hc360. com/2007/06/04/00037311. shtml，2007 年 6 月 4 日。

信息。媒体不断开发手机互动功能，以吸引用户参与，如《潇湘晨报》、红网和湖南移动共同推出湖南手机报 WAP 版，订阅者可在互动板块对当天新闻发表评论、提供新闻线索、查看其他读者评论等。一些媒体还建立了手机报读者俱乐部，可以在线体验，参加论坛讨论和各类线下活动。四是在技术上，探索跨媒介延伸渠道，二维码应用逐渐增多，用户用手机扫描二维码，可浏览彩信和 WAP 内容。2006 年 3 月，北京日报社推出《北京晚报手机版》，用手机摄像头扫描当日印刷版《北京晚报》上的二维码即可登录 WAP 网站。①

三　以手机广播、手机电视为代表的移动影音

随着手机用户的不断增多和手机功能日渐增强，通过手机实时收听收看或下载音视频节目的业务开始出现。手机广播和手机电视按传输路径主要分为两种，一种是基于通信网络实现，由电信运营商主导；另一种是基于广播和通信融合网络，电台、电视台发挥主导作用。2004 年，上海文广新闻传媒集团同上海移动、江苏移动签署战略合作协议，手机广播可以收听到上海文广新闻传媒集团下属的上海电台、东方电台的节目。② 2005 年 7 月，上海文广新闻传媒集团还正式开播了互动式语音应答手机广播，在直播的同时，提供 18 套点播服务，用户可将流行歌曲下载为手机彩铃或与他人分享。中央人民广播电台与联通和闪艺互动合作开通 CDMA 手机广播，其中音频节目还配有 flash 动画和字幕，增强了节目视听娱乐效果。③

手机电视主要采用了两种实现方式，一种是在手机上安装应用软件，通过移动通信网络接收信号；另一种是在手机中嵌入数字电

---

① 刘滢：《手机：个性化的大众媒体》，人民出版社 2012 年版，第 64 页。
② 《电视媒体集团文广传媒携上海和江苏移动向 SP 转型》，南方网，http：//www.southcn.com/it/itinternet/yewu/200406070799.htm，2004 年 6 月 7 日。
③ 朱峰：《手机广播的现状及发展模式》，《中国广播电视学刊》2005 年第 11 期。

视接收模块，直接接收数字电视信号。2003 年博鳌亚洲论坛期间，通过移动通信网络传输的手机电视试验成功。2004 年，中国移动和中国联通都推出了手机电视业务，中国联通基于 CDMA1X 网络的"视讯新干线"与多个电视频道达成合作。2005 年 1 月中国移动上海分公司与上海文广新闻传媒集团合作，试播了"梦视界"手机电视业务，提供多频道直播和点播服务。而此前，2004 年 6 月上海文广新闻传媒集团还专门成立了手机电视运营公司——上海东方龙移动信息有限公司。2005 年 1 月新华视讯手机视频服务开通，三个轮播频道提供 24 小时实时信息、点播、下载及内置服务。2006 年，中央电视台与中国移动合作开展手机电视业务。借手机电视发展的机会，一些原本没有电视业务的媒体，如报纸、广播电台等也开始制作视频内容并搬上手机电视平台。

手机电视借助 2006 年世界杯足球赛和 2008 年北京奥运会等重大体育赛事，取得较快发展。在流媒体电视直播发展的同时，移动多媒体广播（CMMB）和数字音频（DAB）、数字多媒体广播（DMB）得到较快发展。2005 年 5 月，国家广电总局颁发了手机电视全国集成运营许可，2007 年 12 月颁布《互联网视听节目服务管理规定》，以此规范和促进手机广播和手机电视的发展。

手机广播和手机电视的出现开始改变固化的媒体生态。一是机制创新。手机广播和手机电视运作更加市场化，其创办初期便向着建立现代企业制度方向发展，多数都成立了股份制公司，独立核算，自负盈亏，成为全新的市场主体。运作方式则更加开放，时任上海文广新闻传媒集团总裁的黎瑞刚说，通过与电信运营商等合作，集团"正在向'内容提供商'的角色转变……我们的内容将向所有终端开放"。① 二是运作更加专业。手机广播和手机电视充分整合内部资源，按照移动传播规律来编辑制作节目，内容短小精

① 《电视媒体集团文广传媒携上海和江苏移动向 SP 转型》，南方网，http：//www. southcn. com/it/itinternet/yewu/200406070799. htm，2004 年 6 月 7 日。

悍，形式丰富多彩，可听性强。三是服务内容更加丰富。手机广播除语音播报外，还有短信、彩信、音乐、彩铃、WAP 网站、游戏、多媒体手机广告等，形成了完整的手机广播服务链；增加了语音增值服务，上海文广 SMG 手机电台通过"在线实时收听"、"在线延时重听"和"友情点送"，以及"最新资讯收听预告"和"实时话语点评"等形式，向广大手机用户提供极具个性化的互动语音增值服务，部分手机广播电台可以向用户提供视频点播、影像个人空间等有偿服务；此外还能提供特定信息服务，如消费费用查询、停水停电通知、旅游信息查询、在线股票交易、财经信息查询、交通信息查询等。

四　智能终端时代的移动传播

手机短信、彩信和 WAP 网站等只是移动传播的前奏，智能终端的出现与普及才真正拉开移动传播帷幕。自 2007 年美国苹果公司发布第一款采用 iOS 系统的智能大屏幕手机开始，以智能手机为代表的智能终端时代来临，随着 3G、4G 移动通信技术的普及，以及 5G 技术的日渐成熟，手机厂商竞争激烈，智能终端快速迭代，呈现于小小智能终端屏幕上的各种应用丰富多彩、应有尽有。以手机为代表的智能终端，是移动互联网最强终端，它随时在线，贴身服务，集各种功能于一身，几乎成了拥有手、耳、目等功能的人造器官！

在这种情境下，新闻信息的移动传播、传统媒体的移动化转型，就成为必须做、不可能不做的事了。

1. 主流媒体创新拓展微博传播渠道

2010 年被称为中国微博元年。最初，人们只是发现其方便快捷、内容丰富等形式特征，随着微博发展，用户越来越看重其在新闻事件中的首发和迅速传播功能，以及在应用中与移动互联网的紧密结合。在 2011 年 7 月的甬温线动车事故中，微博不仅最早报道了事故的发生，还从多个角度对事故进行讲述，与网友评论一起推动着舆论发展，其发帖量、影响力超过了主流传统媒体，也超过了网站论坛。同时，微博的流行引发了传统媒体对用户数量的关注。2012 年，时任人民日报社社长张研农曾引述一位年轻编辑的看法，[①] 那位编辑认为当时人民日报 280 多万份的发行量只有姚晨微博账号 1955 万粉丝数的七分之一。面对新情况和新压力，传统媒体开始重视和努力利用微博平台。2012 年 7 月 22 日凌晨，北京特大暴雨之夜，人民日报法人微博开通，上线后影响力不断飙升。人民日报注册微博账号，开通法人微博，这对已经开通微博账号的传统媒体是一种无形的鼓励和肯定，对未开通微博账号的传统媒体是带动和促进。此后，我国的传统媒体纷纷注册微博账号，利用微博平台进行信息传播和自身形象塑造。根据人民网《2018 中国媒体融合传播指数报告》，在监测的 284 家报纸中，265 家在微博平台上开通了官方账号，开通率为 93.3%，平均覆盖粉丝数为 477.6 万；34 家电视台中，有 33 家在新浪开通了微博账号，开通率为 97.1%，平均每家电视台覆盖粉丝数为 1411.5 万；298 个广播频率中，202 个在新浪开通了微博账号，开通率为 67.8%，平均覆盖粉丝数为 487.6 万。[②] 随着 3G 的普及、4G 商用和智能手机的逐步普及，原来主要通过 PC 机浏览的微博，主要用户已经来自移动端。被称为"两微"之一的微博，开始成为中国传统媒体移动传播的重要渠道之一。

对微博的应用改变了传统媒体运作方式和叙事语态。传统媒体从看重搜索引擎带来流量逐步变为通过微博等多元渠道吸引用户，从注重统计 PV 和 UV 转变为统计粉丝量、阅读量、评论数、互动数，直至后来注重日活、月活等指标，从单纯内容发布转变为内容

---

① 陈良飞：《人民日报官方微博诞生始末：年轻编辑建议开设》，《东方早报》2012 年 7 月 30 日。

② 唐胜宏、高春梅、张旭：《2018 中国媒体融合传播指数报告》，《新闻与写作》2019 年第 5 期。

运作。随着微博平台技术的升级，移动传播特征越发明显，图片、视频和音乐成为增长最快的内容，这也推动了传统媒体加强图片、视频和音频内容的生产和发布，推动了媒体内部的融合进程。

2. 主流媒体借力微信公众号展开传播

2011 年 1 月，腾讯推出了移动原生态应用——微信，支持发送语音短信、视频、图片和文字，可以灵活地在单聊、群聊和转发等功能间切换，仅开通一年多就突破了一亿用户的大关。凭借着庞大的用户基数和成熟的社交应用，微信于 2012 年 8 月又推出微信公众平台，展现出广泛的点对点传播、实时反馈用户接收情况、便于转发等优势，立即受到传统媒体关注。据相关研究统计，到 2012 年 12 月，已有《南方都市报》《信息时报》《新快报》等 55 家报纸开设了微信公众号。人民日报在 2013 年初也开设了微信公众号。根据人民网《2018 中国媒体融合传播指数报告》，在监测媒体中，报纸、广播频率和电视台的微信公众号开通率分别为 98.2%、80.5% 和 100%。① 微信公众平台的后台拥有订阅用户的基本信息，便于其按照地理位置、性别、年龄、个人偏好等指标对用户分组，使内容投放更有针对性，用户反馈更加真实全面，同时为大数据和智能应用提供了条件。传统媒体根据移动传播特点努力发掘自身信息资源。2013 年，央视新闻频道开通了"央视新闻"微信公众号，成为国内第一个可以收看央视新闻直播的微信公众号，很快用户量就超过百万。此外，传统媒体还把微信作为与用户互动的重要渠道、新闻线索的重要来源。《楚天都市报》鼓励订阅用户通过微信进行爆料，用户每提供一条见报线索可获得 50—2000 元不等的奖励。

个人微信公众号，一般一天只能发一期，每期几篇文章，但腾讯给媒体以特殊待遇，媒体公众号每天可发三四期甚至五六期，再

---

① 唐胜宏、高春梅、张旭：《2018 中国媒体融合传播指数报告》，《新闻与写作》2019 年第 5 期。

加上微信公众号的文章易于转发，容易通过网友转发实现病毒式传播。目前，部分媒体微信公众号粉丝在 500 万以上，每天都有 10 万＋的文章。因此，传统媒体都很重视微信公众号的传播，视其为移动传播的重要渠道之一，安排专门编辑人员从事微信公众号工作，要求记者第一时间抢发微信内容。

3. 开发新闻客户端，创建自主移动传播平台

无论是微博，还是微信，传统媒体都是借力第三方平台进行内容推送和运营。建立自主可控的移动传播平台（即 App，又称客户端）一直都是各传统媒体的愿望。在应用商店开发自主可控传播平台，其实比开设微博账号、微信公众号都要早。在苹果应用商店上线后，第一批上架的客户端有不少都是由传统媒体开发的。2009 年 10 月 28 日，《南方周末》发布了我国第一款适用于苹果手机的客户端。2010 年 6 月，苹果平板电脑 iPad 正式发布，同年 12 月，《中国日报》便推出了专为 iPad 开发的"中国日报精选"客户端。不过，由于认识问题与技术原因——开发新闻客户端比开设微博账号、微信公众号技术要复杂得多，一般需要有专门技术团队或进行技术采购，甚至还要设置专门的运营团队和技术团队以应对用户规模的持续增长，不断更新迭代。因此，相对而言，传统媒体普遍开发自主可控新闻客户端进行移动传播，要滞后于"两微"移动传播。

2011 年和 2012 年年中，中国平面媒体形成了一个推出新闻客户端的小高潮，即使如此，到 2013 年 1 月，全国也只有 170 家报纸开发新闻客户端，仅占全国报纸总数的 11.4%。[①] 2014 年，人民日报、新华社和中央电视台先后推出了自建新闻客户端，在三大央媒的带动下，更多传统媒体开发了自己的新闻客户端。根据人民网《2018 中国媒体融合传播指数报告》，在监测媒体中，284 份报纸自

---

① 冷梅、王棋、刘扬：《移动新闻 App：中国报纸数字化转型的机遇》，《中国移动互联网发展报告（2013）》，社会科学文献出版社 2013 年版，第 308 页。

建客户端（含媒体集团建设客户端）的比例达到 90.8%，仅有 26 家没有自建新闻客户端；34 家电视台自建客户端的比例达到 97.1%，仅有 1 家没有自建新闻客户端；298 个广播频率中，有 95.6% 建设了新闻客户端（广播频率广播电台或广播电视台建设的客户端）。在各家所建的新闻客户端中，人民日报仅安卓客户端在 11 个主要应用商店的下载量就达到 2.65 亿，另外，中央电视台、湖南电视台、南方日报等安卓客户端累计下载量均超过 1 亿。①

通过建设新闻客户端，各传统媒体探索并拓展与第三方的合作，例如，2015 年，四川日报报业集团携手阿里巴巴集团共同打造封面传媒，并于 2016 年正式推出了封面新闻客户端。2018 年 2 月，腾讯公司与人民网、歌华有线共同开发了直播短视频交互式客户端——人民视频客户端。

至此，"两微一端"已经成为中国传统媒体移动传播的主阵地。

4. 展开全方位全渠道全形态的移动传播

商业网站搭建移动聚合型平台，通过提供内容集成和分发服务，引入流量、推广内容和广告分成，将主流媒体、自媒体等内容生产方吸引过来，降低商业网站内容生产投入，补上其无法进行时政新闻采编的短板。这些平台，在兴办主体上，既有商业门户网站推出的客户端，如腾讯、搜狐、新浪移动客户端等，也有社会机构推出的聚合新闻客户端，如今日头条、一点资讯等；在内容形态上，先有大而全的综合型平台，随后出现音视频类的垂直型平台，如以喜马拉雅、荔枝 FM 等为代表的音频客户端，以爱奇艺、优酷土豆、快手、秒拍、微视等为代表的视频客户端等。这些平台因没有国家新闻信息服务资质或没有新闻信息服务的一类资质，本身不能发布新闻信息或不能发布时政类新闻信息，它们都以用户生产内容（UGC）名义聚合各类信息，其信息来源主要是三大类：入驻新

---

① 唐胜宏、高春梅、张旭：《2018 中国媒体融合传播指数报告》，《新闻与写作》2019 年第 5 期。

闻媒体、入驻党政群团组织和企事业机构、自媒体（包括个人和个人性质的自媒体组织）。因为这类平台流量大、人气旺，主流媒体纷纷入驻，借助这些平台拓展内容传播渠道。根据人民网《2018中国媒体融合传播指数报告》，在监测媒体中，284 家报纸有 271家入驻了聚合类新闻客户端，入驻率为 95.4%；298 个广播频率以入驻聚合类音频平台为主，入驻率为 99.0%，入驻聚合类新闻平台的广播频率达到 56.0%；34 家电视台中，入驻聚合类新闻平台的比例为 100%，入驻聚合类视频平台的达到 97.1%。[1]

表 2 - 1　　　2018 年传统媒体在聚合平台开设账号的传播情况[2]

	报纸入驻聚合新闻平台	广播频率入驻聚合平台	广播频率入驻音频平台	电视台入驻聚合新闻平台	电视台入驻聚合视频平台
平均用户数（人）	53.7 万（N = 271）	2.66 万（N = 167）	136.8 万（N = 295）	18.5 万（N = 306）	7.5 万（N = 156）
日均发稿量均值（篇、件）	54.5（N = 238）	1.7	—	8.7	34（N = 134）
平均阅读量均值（人次）	0.88 万（N = 238）	0.55 万	—	0.4 万	12.8 万（N = 134）

注：平均用户数 = 用户总数/账号数量，指入驻聚合新闻客户端账号订阅量均值。

入驻聚合新闻客户端用户数，为统计监测今日头条、腾讯新闻、搜狐新闻、一点资讯、网易新闻五个平台的数据，个别平台的部分账号数据有缺失，发文量和阅读量仅统计今日头条数据；入驻聚合视频客户端账号，为统计优酷、腾讯视频、爱奇艺、搜狐视频四个平台数据；入驻音频客户端，为统计蜻蜓 FM 和听伴两个平台的数据。

—表示无法统计到该项数据。

---

[1]　唐胜宏、高春梅、张旭：《2018 中国媒体融合传播指数报告》，《新闻与写作》2019 年第 5 期。

[2]　根据人民网研究院《2018 年中国媒体融合传播指数报告》项目数据汇总整理。

5. 探索推出自主可控的综合性聚合类移动平台

在与商业平台合作、竞争的过程中，主流媒体逐渐意识到搭建自主可控的综合性聚合类移动平台的重要性，并开始在此方面进行探索。从目前发展情况看，传统主流媒体开发的综合性聚合类移动平台大体可分为四种类型：第一种是以新闻客户端为基础进行功能拓展的移动平台，第二种是以新闻客户端为基础将各地媒体聚合到一起的移动平台，第三种是面向用户开设的移动自媒体平台，第四种是主要面向媒体机构开发的新型移动平台。

部分媒体通过客户端实现了功能添加和价值提升，从新闻服务向政务、民生服务领域拓展。"江西手机报"（后更名为"江西新闻"）客户端以"关注民生，服务大众"为目标，提出了"客户端＋新闻、客户端＋政务、客户端＋商务"的思想。按照江西省委部署，全省县级以上公共服务机构数据均要与江西手机报客户端进行对接打通，实现气、票、证、挂号、旅游、教育、医保等领域的查询、缴费服务及其他便民政务服务。与此类似，湖南日报社推出"新湖南云"，可实现省市县三级自有自营客户端内容生产互通共享，吸引用户在"新湖南云"上互动分享，提升新闻和信息的抵达率和转化率，并先后为省内政府机构和高校量身建设了一批政务新媒体客户端，逐渐成为湖南省各级政府政务公开的平台、全省老百姓政务办事的平台以及党委政府和部门与老百姓沟通的平台。在此基础上，"新湖南云"将利用多源多态的数据汇聚技术建设大数据仓库，建成后可进行大数据挖掘、用户行为分析、精准推送、精准营销等。

部分媒体通过提供客户端搭建等技术服务，将其他媒体聚合到一起。江西日报社推出"赣鄱云"融媒体智慧平台，可为地市、县区融媒体建设提供媒体融合综合解决方案，不仅节约了建设成本，还实现了省市县三级融媒体在用户、技术、数据、传播平台的纵向打通、信息共享。"长江云""新湖南云"也都通过云端建设实现地市（州）、区县媒体和融媒体中心的聚合。2017 年 3 月底，"津云"中央厨房实现了天津市"播、视、报、网"的全媒体融合，并开始构建全市"一朵云"网络舆论管理生态格局，推动大数据与网上政务大厅、社会公共服务平台应用层面的深入融合，打造"云上系列"新媒体宣传和服务矩阵。

部分中央和地方媒体开通了自媒体平台。人民日报上线了全国移动媒体聚合平台"人民号"，为媒体、党政机关和自媒体提供移动端内容生产和分发全流程服务，并嵌入人工智能技术。上海东方网也推出了"东方号"，鼓励自媒体进行分类内容的创作、发布和传播，各个行业的优质内容供给者均可免费申请入驻。"南方+"主要通过"南方号"这一载体，集聚整合广东省各级党政机关的信息发布资源和政务服务资源，全面深入地参与广东"互联网＋政务"与"智慧城市"建设，实现从宣传政务服务到提供政务服务的转变。这些主流媒体的自媒体平台的出现，说明在移动互联网时代，主流媒体开始敞开大门，吸纳各方内容生产者。

除上述三种以新闻客户端为基础的拓展、聚合之外，还有传统主流媒体开始尝试搭建新型的移动平台。2017年，人民日报推出全国党媒信息公共平台，旨在构建全国党媒内容共享、渠道共享、技术共享、数据共享、盈利模式共享的紧密协作的公共平台，通过连接全国党媒各种端口，形成巨大的数据后台。人民网·中国共产党新闻网也推出了"人民党建云"平台，吸引了1800多个各级各类党组织入驻。2017年2月新华社"现场云"新闻在线生产系统推出后，不断迭代升级，至2018年2月，已更新至3.0版本，使其能够为入驻媒体免费提供基于移动端的全媒体采编发功能，便于各地媒体在资源、技术有限的条件下通过移动端进行直播报道。新华社的"MAGIC"智能生产平台，从自动采集生成、语音转写到自动分发、内容监测，可为媒体机构提供线索发现、素材采集、编辑生产、分发传播、反馈监测等全方位智能服务，能高效地产出各类新闻产品。中央广播电视总台针对移动融媒体条件下的新闻生产制作，上线了央视新闻移动网，不仅为自身提供了生产制作传播平台，还为多家省市电视台提供服务。中央广播电视总台还推出中国广播云平台，以云采编、云媒资、云发布三大业务板块集合全国优秀的音视频节目资源，形成移动互联网音频集成播控平台和移动音频客户端。

五 传统媒体移动传播探索之成效

1. 移动传播全面提升了传统媒体"四力"

经过几年努力，传统媒体在移动端已占据重要位置。一方面，传统媒体通过移动传播已经将内容从自有渠道扩散至更适合移动传播的第三方平台与渠道，部分主流媒体在这些平台上的影响力已名列前茅。清博数据显示，传统媒体在微博、微信、头条号上的综合排名，都位居前列。在 2018 年 12 月第三周的微博综合排名前 100 的账号中，有 21 个是传统媒体或其网站所开设的账号，其中"人民日报"位列第三，"人民网""央视新闻""澎湃新闻""华西都市报""环球时报"分列第 11 位、第 14 位、第 16 位、第 17 位和第 19 位。[1] 在 2018 年 12 月微信公众号的综合排名中，TOP100 中有 20 个是传统媒体或其网站所开设的账号，前 10 名中有 6 个是传统媒体或其网站开设的账号，"人民日报"账号稳居第一。[2] 在 2018 年 12 月第四周的头条号媒体类排名中，前十名都是传统主流媒体或其网站开设的账号，光明网周总阅读量超过 1.1 亿。2018 年，主流媒体开始入驻抖音等短视频平台。[3] 在抖音平台上，对主流媒体账号的关注、播放和互动数量都在持续增长，根据《2018 抖音大数据报告》显示，截至 2018 年底，人民日报、浙江卫视、

---

① 数据来自清博大数据平台清博指数微博榜单，http：//www. gsdata. cn/rank/wbrank？type = week&post_ time = 20181216_ 20181222。

② 数据来自清博大数据平台清博指数微信榜单，http：//www. gsdata. cn/rank/wxrank？type = month&post_ time = 2018 – 12 –01_ 2018 – 12 –31。

③ 数据来自清博大数据平台清博指数头条榜单，http：//www. gsdata. cn/rank/toutiao？type = week&post_ time = 20181223_ 20181229。

人民网居抖音媒体号粉丝量前三，粉丝数分别为 793 万、659 万和 496 万。①

另一方面，在突发事件和重大主题报道中，传统媒体主动利用移动平台推送内容产品，生产了很多"爆款""病毒式传播"的产品，在移动终端发挥着舆论引导作用，提升了传播效果。2016 年 9 月，美国纽约曼哈顿发生爆炸，澎湃新闻记者立即用苹果手机做了将近三个小时的直播报道，引起网友广泛关注和大量评论。新华社利用"两微一端"推出"权威发布"，对国内外突发重大新闻进行简明扼要的快速报道，"三个编辑写九个字"的例子为社会所熟知②。人民日报客户端为庆祝建军 90 周年，联合腾讯天天 P 图共同出品《快看呐！这是我的军装照》。上线仅几天，这款 H5 产品刷新了行业历史访问最高纪录，截至 2017 年 8 月 6 日"军装照"H5 浏览次数已破 8 亿，独立访客累计 1.27 亿，一分钟访问人数峰值更是高达 41 万。③

2. 移动传播引发传统媒体的深刻变革

因为移动传播所需技术、运作方式、表达技巧和语态都与传统媒体不大相同，大力发展移动传播给传统媒体带来的影响是多方面的。为适应移动传播之需要，传统媒体的改变是显而易见的。

一是从业人员技能拓展与提升。移动传播需要全能型人才，策划、采访、编辑人员从一开始就要清楚产品最终将以何种形式呈现在各个平台、终端之上。对采访人员来说，移动传播对其能力提升的要求最为直接，"笔杆子"已经不再成为优秀记者的称号，记者需能访、能写、能拍摄、能直播、能主持，最好还能操控无人机。

---

① 《抖音发布 2018 大数据报告〈人民日报〉播放量超 27 亿成最火媒体号》，中国经济网，http：//www. ce. cn/xwzx/shgj/gdxw/201901/31/t20190131_31406003. shtml，2019 年 1 月 31 日。

② 《9 个字用了三个编辑，网友在新华社的评论里面炸开了锅》，凤凰网，http：//news. ifeng. com/a/20170621/51294004_0. shtml，2017 年 6 月 21 日。

③ 《8 亿！关于"军装照"H5，人民日报客户端有话说》，搜狐网，http：//m. sohu. com/a/161817344_206713，2017 年 8 月 2 日。

同时，为了适应移动传播的需要，传统媒体出现了很多新型岗位，如社交媒体运营人员、可视化生产人员、产品设计人员、动漫制作人员等，引发从个体到机构的全面变化。

二是媒体运行机制的改变。移动传播生产多元化、传播即时化、传播社交化，这些工作牵涉媒体内部多个部门，需打破既有按照内容类别和媒介技术形态的部门分工。为此，很多媒体进行了内容生产流程和组织结构的再造。

三是媒体生产理念开始改变。传统媒体的生产周期开始于策划，结束于发行或播出。移动互联网时代，新闻单位越来越意识到，发行或播出才仅仅是传播的开始，而且不同类型产品之间关联性越来越强，新闻不再以单件计，传播也不再是单循环过程，整体生产、连续运作的思维开始贯穿于新闻内容生产与移动传播过程之中。

四是媒体用户意识增强。移动传播改变的不仅仅是传统媒体一对多的大众传播范式，它将广泛、即时地与用户交流互动的方式植入了传统媒体，让传统媒体重视并且主动与受众互动，进而开始将受众视为用户，思考如何进一步丰富内容、提升技术去更好地服务用户。

3. 移动传播启示传统媒体认识自身短板与发展方向

移动互联网时代，传统媒体在与商业网站、互联网企业及其他市场主体同台竞争中，逐步看清了自身存在的问题。这些问题主要表现在以下两个方面。

平台掌控能力弱小。回顾发展历程，可以发现，在采用新兴的移动传播形式上，传统媒体并不比商业网站落后，但是经过多年的发展，传统媒体与商业网站在移动传播平台建设上却存在较大差距。中国境内用户众多的超级移动传播平台没有一个掌握在传统主流媒体手中。在短信、彩信、手机广播、手机电视阶段，传统媒体在与电信运营商博弈中并不占优势，到了移动平台时代，传统媒体的议价能力进一步降低。在移动传播平台上受制于人，让传统媒体不得不牺牲版权特别是用户市场以换取传播渠道，沦为单纯的内容提供者——多数传统媒体虽然获得了一定的版权收益，但失去的却是用户市场与发展机遇。

技术能力与技术投入差距极大。网络传播，特别是移动传播，技术因素所起的作用越来越明显。大型互联网企业技术投入力度不断提升。2017 财年，阿里巴巴技术投入为 170 亿元，腾讯公司的技术投入为 118 亿元，百度技术投入为 101.5 亿元，京东技术投入为 54 亿元。这么高的投入，对于传统媒体来说无异于天文数字。传统媒体不可能成为阿里巴巴、腾讯那样的技术公司，但是跟随新的传播技术也需要有相应的投入、精干的技术团队，而直到如今仍有一批传统媒体没有自己的技术团队，一年的技术投入多的只有几百万元，少的只有百十万元。技术短板很难补上，移动传播能力很难提升，差距将会越来越大。

知不足，然后能自反；知困，然后能自强。通过移动传播，传统媒体在广阔的领域和更高层次参与竞争，发现自身的不足，明确未来发展趋势，不断进行调整和适应，为更深刻的转型奠定基础。

第三章

我国传统媒体的移动化转型探索

从手机短信、彩信到移动图文、移动影音传播，从微博、微信公众号到自建客户端（App），我国传统媒体始终紧跟着传播技术的发展不断丰富移动传播渠道和样态。凭借"两微一端"、各类聚合平台以及抖音、快手短视频平台等新兴渠道，我国传统媒体移动端用户数量已远远超过传统端用户数量，移动传播内容丰富多彩，现象级产品不时涌现，其传播力显著提升。但是，移动传播力的提升，并没有让传统媒体完全摆脱生存困境。据不完全统计，自2010年至2017年，至少有50家报纸宣布停刊或休刊，2018年又有53家报纸宣布停刊、休刊，① 多家电视台被爆出不能按时发放工资的消息。原因是多方面的，最重要的一条是：传统媒体的移动化转型严重滞后于移动传播。

一　什么是移动化转型

1. 移动化转型的概念界定

"型"者，原指铸造器物的模子。《说文·土部》曰："型，铸器之法也。"段玉裁注解说："以木为之曰模，以竹曰范，以土曰

---

① 陈国权：《2018 中国报业发展报告》，《编辑之友》2019 年第 2 期。

型。"引申为"类型""样式""形态""模式""模型"等。所谓"转型"是指某种类型或形态模式的改变，主要是指由一种形态向另一种形态转换。与中文"转型"相对应的英文单词是"transformation"，意思是转变形态，指对事物进行较为彻底的革命性变革。

"转型"一词最早出现在工程领域，是指对事物进行一种较为彻底的革命性变革，于20世纪80年代被引入经济管理领域。从内容上看，企业转型是一种范式转换，是战略与组织行为相结合的、整体性的变化方式，是一种对自我认知方式的彻底转变，包括在管理理念、思维方式和价值观等方面的彻底变革，并伴随着企业战略、结构、行为方式、运行机制等方面的全方位变革。

传统媒体（报刊、广播、电视等）之"型"（形态、模式）可简单概括为：通过刊播新闻及其他信息，向广大受众提供服务，获得订阅收入（收视、收听一般不收费）及广告收入，维持自身的生产与扩大再生产。互联网尤其是移动互联网普及后，原本从传统媒体获得信息服务的受众纷纷转向从移动终端获取新闻信息及其他服务，造成传统媒体的受众数量大减、广告收入持续大幅下降，传统媒体的生存发展模式难以为继，一批传统媒体特别是纸媒先后停刊、休刊。传统媒体要生存发展，必须转向聚集着巨量受众的移动端，而移动传播的模式与传统媒体的传播模式大不相同，传统媒体必须变革原有模式才能适应移动传播的需要。这便是传统媒体移动化转型的由来。

传统媒体移动化转型，指传统媒体从依存于传统端（报刊、广播、电视）的生存发展模式，转向主要依存于移动互联网的生存发展。它是发展途径、发展方式的转变，包括媒体的内容生产主要面向移动终端，新闻信息的受众、媒体服务的用户主要来自移动终端，媒体的人财物等资源投入主要集中在移动传播，媒体的收入主要来源于移动传播，媒体的传播力、影响力主要体现在移动终端。

传统媒体移动化转型是一个缓慢转变的过程，从开始转向利用PC互联网进行传播，到后来既利用PC互联网又利用移动互联网，再到现在主要依靠移动互联网进行传播；从试探性地进行移动传播到大规模进行移动传播；从仅仅是内容信息的移动传播到内容信息与经营都转向移动端，工作重心、服务的主要对象转向移动端。传统媒体移动化转型有一个调适过程，有一个由量变到质变、由不适应到适应、由缓慢前行到逐步加快的过程。

2. 移动化转型与移动传播

移动传播是利用移动互联网进行的信息传播，指通过移动互联网的各种传输渠道向用户传送、播报新闻等各类信息。报刊、广播、电视原有的传播载体是纸张、无线及有线电波，渠道主要是邮发及无线有线发射台站等，后来 PC 互联网成为新的传送渠道。移动互联网普及后，微博、微信、客户端及今日头条、抖音、快手等又成为新的普遍使用的渠道与平台，传统媒体利用这些渠道与平台进行的传播都是移动传播。

移动传播仅仅是内容信息通过移动渠道的传送，而移动化转型是传统媒体从传统的生存与发展方式转向主要依赖于移动互联网的生存与发展。移动传播是传统媒体移动化转型的先声，传统媒体移动化转型必须从移动传播开始，也只能从移动传播开始，没有内容信息的移动传播，不可能有媒体的移动化转型。

移动传播相对容易、简单，移动化转型涉及的维度更多、难度更大，它涉及媒体的人员布局、生产流程、组织架构、体制机制如何转向和适应移动传播的问题，更需要在移动传播、移动平台形成有效的可持续的盈利模式。在绝大多数用户已转移到移动终端的今天，传统媒体只有完成移动化转型，在移动端形成强大的传播力、影响力和经营力，才能成为移动互联网中真正的主流媒体。

3. 移动化转型与媒体融合

媒体融合作为一个学理概念，最早由美国麻省理工学院教授伊契尔·索勒·浦尔（Ithiel De Sola Pool）在 1983 年出版的《自由的技术》（*Technologies of Freedom*）一书提出，他认为数字技术的发展导致报纸、广播、电视以及电信业的边界慢慢消失，各种媒体呈现出多功能一体化的趋势。① 随着数字化技术的发展，美国学界对媒体融合内涵的认识从技术扩展至产业、组织、文化等多个领域范畴。美国西北大学教授李奇·戈登（Rich Gordon）在前人定义基础之上将"媒体融合"分作技术融合与组织融合两个主要方面，技术融合主要强调不同的媒介技术形态"融合"在一起，在内容生产、内容分发与内容消费三个方面形成一种新的媒体形态；组织融合则强调一切媒体及其有关要素的结合、汇聚甚至融合，包括所有权融合、策略性融合、结构性融合、信息采集融合、新闻表达融合等。

目前，"媒体融合"在国内外虽无统一的定义，但大体上与戈登教授的解释相似。从狭义上讲，"媒体融合"指不同的媒介形态融合在一起，原来分别刊播于报刊、广播、电视中的图文信息、音视频产品，可以融为一屏、合为一体，形成新的媒介形态；从广义上讲，"媒体融合"除包括媒介形态的融合外，还包含组织融合，即媒体组织内部各要素的融合以及媒体组织和媒体组织之间的融合，是一切媒介及其相关要素的融合。

在我国，由于中央领导的高度重视和大力推动，媒体融合迅速成为业界与学界的热门话题，成为我国传统媒体近年来加大投入和大力推进的方向。中央领导对媒体融合的高度重视和突出强调，最早集中体现于 2014 年 8 月 18 日召开的中央全面深化改革领导小组第四次会议。会议审议通过了《关于推动传统媒体和新兴媒体融合发展的指导意见》，习近平总书记在会上强调："推动传统媒体和新兴媒体融合发展，要遵循新闻传播规律和新兴媒体发展规律，强化互联网思维，坚持传统媒体和新兴媒体优势互补、一体发展，坚持先进技术为支撑、内容建设为根本，推动传统媒体和新兴媒体在内容、渠道、平台、经营、管理等方面的深度融合，着力打造一批形态多样、手段先进、具有竞争力的新型主流媒体，建成几家拥有强

① 陈映：《媒介融合概念的解析与层次》，《北京邮电大学学报》（社会科学版）2014 年第 1 期。

大实力和传播力、公信力、影响力的新型媒体集团，形成立体多样、融合发展的现代传播体系。要一手抓融合，一手抓管理，确保融合发展沿着正确方向推进。"①

媒体融合与移动化转型，两者强调的侧重点不同，但在实践上没有根本性区别，媒体融合强调兼顾，在兼顾中突出新媒体的重点；移动化转型强调目的，转型到移动端的生存与发展。2019 年 1 月，中央政治局第十二次集体学习时，习近平总书记特别强调："移动互联网已经成为信息传播主渠道。随着 5G、大数据、云计算、物联网、人工智能等技术不断发展，移动媒体将进入加速发展新阶段。要坚持移动优先策略，建设好自己的移动传播平台，管好用好商业化、社会化的互联网平台，让主流媒体借助移动传播，牢牢占据舆论引导、思想引领、文化传承、服务人民的传播制高点。"② 推动媒体融合向纵深发展，就必须坚持移动优先策略，可见，移动化转型是媒体融合中的必要过程，是带动融合发展的"牛鼻子"。所以，本书不可避免会涉及媒体融合，但关注的角度和讨论的重点是传统媒体的移动化转型。

二 传统媒体移动化转型的实践探索

1. 传统媒体在移动传播中缓慢转型

传统媒体的移动化转型，简单说有两种方式：激进式转型和渐进式转型。上海报业集团的东方早报是激进式转型，东方早报于 2017 年起休刊，全部采编力量投入到澎湃新闻，它的转型是成功的。同样是 2017 年，北京的京华时报纸质版停刊，尝试发展新媒体业务，但仅过了 7 个多月，京华时报新媒体便停止内容更新，转型宣告失败。总体而言，目前这种完全停掉传统媒体的激进式转型

① 《习近平主持召开中央全面深化改革领导小组第四次会议强调　共同为改革想招一起为改革发力　群策群力把各项改革工作抓到位》，《人民日报》2014 年 8 月 19 日第 1 版。

② 习近平：《加快推动媒体融合发展　构建全媒体传播格局》，《求是》2019 年第 6 期。

比较少见，绝大多数传统媒体是在移动传播过程中进行渐进式的转型。

就渐进式转型而言，移动传播是转型的先声，转型寓于移动传播过程之中。第二章比较详细地介绍了我国传统媒体的移动传播历史、过程、方式，在多年的移动传播实践过程中，移动化转型在悄悄地、波澜不惊地进行着，只不过它进行得比较缓慢，不易引起注意罢了。

这些悄悄发生着的移动化转型，体现在机构人员、体制机制、资金技术、经营等方面。

（1）机构人员

随着移动传播的不断扩展和深入，传统媒体的人员配比与组织架构慢慢发生了变化，移动传播人员和机构从无到有，人员由少到多，机构由小变大，部分传统媒体的组织甚至以适应新媒体、移动媒体的需要来进行架构。最初，媒体发布手机短信息时，都是由传统媒体采编人员兼职做，后来从彩信、手机报开始设立编辑小组，不过人员很少。媒体开设官方微博、微信公众号，一般都设有专门机构——小组或部门来负责运营。随着移动传播渠道的日益增多和移动传播内容的不断丰富，传统媒体不断加强和壮大新媒体部门，增加移动端采编力量，有些媒体打破原来的部门界限，调整组织架构，按新媒体要求设置部门，从组织机构上落实"移动优先"。

设立新媒体部门是传统媒体普遍采取的一种做法。通过设立新媒体部门，配备相应的人员编制，传统媒体与新兴媒体两套运营机制并行。人民日报社、新华社、北京日报社等，都是这种模式。人民日报社原来在新闻协调部下设一个小组，负责微博微信等运营。2015年10月，微博微信运营小组脱离新闻协调部，报社设立部门级的新媒体中心，负责微博、微信、新闻客户端等新媒体运营，同时组建人民日报社媒体技术股份有限公司，负责中央厨房建设。人民日报社的新媒体中心已有近百人，媒体技术公司有200多人，加上传统采编部门都向新媒体中心提供稿件，可以说人民日报社采编力量已有约 1/3 投入到了新媒体、移动端。

时至今日，为适应传播格局的变革，传统媒体大都成立了新媒体部门。新华社于 2012 年 11 月组建新媒体中心，由新华社副社长任新媒体中心主任，负责新媒体报道的组织策划实施，统筹协调全社新媒体业务的资源整合、产品研发、市场运作等，运营微博、微信、新闻客户端，打造"现场云"平台等推动新媒体的报道与创新。新组建的中央广播电视总台，其"三定方案"共设 25 个中心，其中运营新媒体的中心有 3 个（融合发展中心、新闻新媒体中心、视听新媒体中心），力争打造载体多样、渠道丰富、覆盖广泛的移动传播矩阵。①

另有一些媒体为适应移动传播的需要，调整了组织架构，将主要采编人员转移到移动端，优先移动端的内容生产与发布。2016 年，解放日报及其客户端"上海观察"（后改为"上观新闻"）同时改版，延续了几十年的围绕报纸生产形成的部门架构被推倒，除保留要闻编辑部、新闻编辑部、专副刊编辑部三个负责报纸出版的部门外，其余采编部门全部解散，按"上观新闻"的频道、栏目进行重新组合，通过竞聘的办法组建了 60 余个栏目组。栏目组既向"上观新闻"供稿，也向解放日报供稿，按件按质计酬。浙报集团将浙江在线原新闻中心、浙江新闻客户端编辑团队与浙江日报采编部门合并，以"大编辑中心 + 垂直采编部门"模式，成立"一中心八个部"，"大编辑中心"包括报纸的夜班编辑部和数字编辑部（负责网站和客户端等新媒体），八个部则分别负责报、网、端、微、视多端新闻产品的采集、编辑、分发。郑州报业集团也整合旗下媒体的采编力量，以移动新媒体为主重建传播重心，融媒采访中心记者的第一任务是为新媒体供稿。江西日报也组建全媒体采编队伍，优先向新媒体端供稿。

---

① 中央广播电视总台央广副总编辑刘晓龙：《加速构建全媒体传播格局——在 2018 媒体融合发展论坛上的发言》，人民网，http://media.people.com.cn/n1/2018/0910/c40606 - 30283619. html，2018 年 9 月 10 日。

除此之外，各传统媒体还通过引进熟悉移动技术和运营的人才，逐步改变传统记者编辑占绝对优势比例的人员结构。如人民日报社内的人民网科技（北京）有限公司参照互联网企业，试点采取员工持股等方式吸引优秀技术人员；人民网采用年薪制高薪招聘优秀运营人员；中国青年报依托"融媒小厨"，在技术和运营上引进关键增量人才。人才队伍构成的变化让传统媒体从内容到观念都在发生变化，这在一定程度上推动了媒体的移动化转型。

（2）机制体制

在开展移动传播、推动移动化转型过程中，传统媒体不断调整内部机制、变革体制，以更好地适应移动化转型的需要。传统媒体在内部机制变革上采取的措施主要有以下三方面。

一是采编发流程再造。中国青年报"融媒小厨"将报纸、PC端、手机端三端打通，由全媒体协调中心统一指挥，全媒体协调指挥平台负责日常策划、编辑、加工，该平台 24 小时运转，所有内容产品都发到全媒体协调指挥平台，由其安排、发布，确保移动端内容随时更新。报社实行"三会"（全媒体协调会、选题会、编前会）制度，改变了报纸原有的运作模式和生产流程，有助于编辑系统的移动化转型。江西日报为改变传统媒体和新兴媒体"两张皮"的状况，在调整内部组织架构的同时，重构了采编发流程，按频道重新划分部门，打通报、网、端，记者采访后，将新闻素材交给本部门融媒专员编辑，经三审后，签发至全报社共享稿库，最后由用稿部门（校核后）推送。"赣鄱云"、江报直播室等新媒体部门人员可在选题策划阶段提前介入，全程参与，强调将视频手段应用于内容生产，加快了新闻反应速度，提高了新闻传播效率，强化了新媒体"三审三校"。

二是绩效考核体系改革。考核是指挥棒，在加强移动传播过程中，传统媒体改革绩效考评体系，将新媒体传播量化，并与采编人员报酬联系起来，这有利于推动移动传播，促进移动化转型。中国青年报本着向媒体深度融合发展倾斜、等量劳动获得等量报酬的原则，制定了《融媒体采编生产制作绩效考核管理办法》，推行融媒体"量、质、效"三重叠加考核，严格细化了内容采集生产制作和编辑技术制作两个序列十个类别绩效考评等级划分、评分及加分奖励标准，打通了"采"和"编"两大序列统一的考评打分，巩固一体化成果。

三是建立创新激活机制。为提高移动传播内容产品的数量，2016年10月，人民日报社开始组建融媒体工作室，鼓励报、网、端、微采编人员按兴趣组合、项目制施工，资源嫁接，跨界生产，先后成立了麻辣财经、学习大国、一本正经、国策说等40多个融媒体工作室，采取"四跨"＋"五支持"机制运作："四跨"即允许记者编辑跨部门、跨媒体、跨地域和跨专业自由组合；"五支持"是指依托"中央厨房"，提供资金、技术、推广、运营、经营等五方面支持。灵活的组织方式激活了传统媒体人的生产潜力，提高了移动端优秀新闻产品的供给。如今，许多传统媒体都借鉴人民日报社的做法设立了融媒体工作室，一些媒体还尝试年薪制、员工持股等，南方报业集团则实施"南方主流网红"培育工程，着力培养适应移动传播和新媒体运营的采编人员，打造全媒体采编尖兵队伍。

（3）资金技术

传统媒体的移动化转型过程，是资源配置不断向移动端转移的过程，资金投入及技术能力的提升对传统媒体移动化转型非常重要。

近年来，一些传统媒体非常重视移动端发展，将有限的资源优先投向移动端。人民日报社近几年对采编业务的资金投入，绝大多数都投到了新兴媒体，如建设中央厨房，组建技术团队，开发与维护新闻客户端，等等。人民日报社与环球时报社、中国能源汽车传播集团有限公司共同投入1亿元，成立人民日报媒体技术股份有限公司，以打造报社媒体融合发展的技术平台、运营平台、资本平台为核心业务，致力于依托先进技术，汇聚行业资源，为媒体行业提供融合解决方案。上海报业集团党委书记、社长裘新曾明确指出，必须顺应移动化大趋势，强化移动优先意识，有限的预算、资源必须毫不迟疑地向移动互联网聚焦。① 最近几年，上海报业集团巨额资源增量都向新媒体最前沿聚集，推动了澎湃新闻、界面新闻、上观新闻等多款移动产品的稳健发展。

移动传播高度依赖于技术和技术创新。传统媒体的移动化转型过程也是强化技术的过程。近几年，不少传统媒体都在补技术这一课。2014 年，人民日报社成立了媒体技术股份有限公司，将移动技术开发作为重点，加上人民网等下属部门的技术人才储备，报社技术队伍已达数百人，让移动化转型有了技术支持和保障。在移动化转型过程中，媒体的技术投入主要有四个方向：一是建设"中央厨房"，让融合传播得以落实、移动传播更顺畅。二是搭建聚合型平台，人民日报社、新华社分别建立了面向全国的内容聚合分发开放平台"全国党媒信息公共平台""现场云"等；不少省级媒体也搭建起能与市县级媒体共享的云平台。三是强化视频技术，生产更多适合移动传播的视频内容。四是探索智能技术，如新华社开发"媒体大脑"及写稿机器人"快笔小新"，封面新闻发展机器人写作和"天眼"大数据分析系统，等等。

（4）经营

内容信息转向移动传播相对容易，媒体的经营业务从传统端转向移动端则比较艰难。目前，绝大多数传统媒体在移动端、新媒体端没有收入或收入甚少，少数媒体在移动端开始有收益，尽管还不是太多，但趋势向好。

目前，传统媒体在移动端主要有以下几种收入形式。

一是广告收入。人民日报、澎湃新闻、界面新闻等活跃用户数较大、传播力影响力较强的新闻客户端已有广告投放。2016—2018 年，人民日报客户端通过广告代理的方式获得 3.1 亿元纯收

---

① 裘新：《隧道深远，但亮光已然可见》，人民网，http：//media. people. com. cn/n1/2017/0331/c192370 - 29183345. html，2017 年 3 月 31 日。

入。2016—2018 年，澎湃新闻的营业收入分别达到 1.35 亿元、2.52 亿元、3.44 亿元，其中主要为广告收入。[1] 界面新闻的广告收入在逐年递增。从广告形式来看，当前主要是开机和首页展示广告，频道广告、栏目广告和原生态广告、效果广告等还没有或极少。一些媒体在官方微博、微信上做一些广告，但收入并不高。一些媒体如人民日报的法人微博和微信公众号从不做广告，澎湃新闻则将客户端、微博、微信广告位打包销售。

二是版权收入。版权收入，指传统媒体通过与互联网平台（PC 网站及移动平台）签订版权合作协议（转载付费）获得的收益，不过在统计上很难将 PC 端的版权收入与移动端的版权收入区别开来。传统媒体版权意识增强，绝大多数媒体都能获得一些收入，只是多寡不同罢了。上海报业集团新媒体版权收入多年持续增长，2018 年增长 18.8%，2019 年再增长 22.1%，其中，澎湃新闻版权收入达到 4000 万元。[2] 澎湃新闻和几乎所有主要的互联网平台都建立了版权合作模式，在垂直和细分领域的维权力度也在逐步加大。界面新闻也和市场上超过一半以上的大型新闻平台签订了付费版权使用协议，版权收入占到界面新闻 2017 年度总收入的 7% 左右。[3]

三是数字与新媒体服务收费。一些媒体借助传统媒体的公信力、专业化的内容生产优势以及技术能力，为政府部门及企事业单位提供多样化的数字与新媒体服务来获取收益。

第一种做法是为媒体建设客户端、中央厨房等，提供技术服务。"赣鄱云"为市县媒体、融媒体中心建设中央厨房，第一年建设费 70 万元，以后每年维护费 35 万元；[4] "长江云"为湖北省各地

---

[1]　数据来自上海报业集团为本书作者提供的数据。

[2]　裘新：《未来已来，相信未来——创造上海报业改革新传奇》，《传媒》2019 年第 2 期。

[3]　张衍阁：《原创新媒体商业模式的探索与思考——以界面新闻为例》，《新闻战线》2018 年第 4 期。

[4]　数据来自本书作者在江西日报社的实地调研访谈，2018 年 9 月。

市（州）、区县建设客户端，地市（州）客户端年收费 28 万元，区县客户端年收费 15 万元。① 安吉新闻集团为全国 30 多个区县建设客户端的收入总计超过 1000 万元，且每年都会有维护、新增板块研发收入。② 2018 年，澎湃新闻第三方服务输出（技术服务）收入同比增长 251%。③

第二种做法是为政府部门、企事业单位运维微博、微信公众号等，许多地市级媒体都开展了此项服务，获得一定收入。根据政府部门及企事业单位的宣传需要提供交互 H5、专题片、移动直播等定制化服务，从而获取收益，已成为许多媒体的收入来源之一。

第三种做法是舆情服务及信息服务，南方报业传媒集团的南方舆情数据、封面传媒的封面舆情、界面·财联社摩尔金融的财经信息服务等，均属此类。

四是数据服务收入。一些媒体如长兴传媒集团、安吉新闻集团等开始建设数据平台，提供数据服务。

除此之外，一些传统媒体还借助移动端传播力，通过整合营销、产业经营等方式获得收入。

2. 传统媒体移动化转型是一个漫长的过程

（1）传统媒体移动化转型刚刚起步

随着移动互联网的快速发展，我国传统媒体着力开展移动传播，还有一些媒体通过增设新媒体部门、改变组织架构、再造生产流程、变革运行机制、拓展盈利渠道等方式，开启了传统媒体的变道发展。

不过，需要看到的是，移动化转型才刚刚起步，真正完成转型、变身为移动新媒体的还是凤毛麟角。首先，一些传统媒体尽管

---

① 数据来自本书作者在湖北广播电视台的实地调研访谈，访谈对象为湖北广播电视台副台长等，2017 年 10 月。

② 数据来自本书作者在安吉新闻集团的实地调研访谈，访谈对象为安吉新闻集团党委书记、副台长，2018 年 10 月。

③ 裘新：《未来已来，相信未来——创造上海报业改革新传奇》，《传媒》2019 年第 2 期。

创办了"两微一端"等新媒体产品，但其主要产品形态仍然集中在传统终端。其次，仅有一小部分人在从事移动端内容生产，人力资源还主要集中在传统终端。最后，在传统的部门设置之外做加法，面向移动互联网进行物理延伸，没有真正产生化学反应，没有带动存量变革。除此之外，在技术人员、运营人员配备，在技术水平、后台搭建等方面，一些媒体均处在起步阶段。无论是"形"还是"神"，大多数传统媒体在总体表现上仍然是传统媒体。

（2）移动化转型实践与转型目标差距较大

在我国，媒体是党和政府治国理政的重要资源和手段，面对移动互联网带来的舆论生态和媒体格局的深刻变革，传统媒体移动化转型的根本目的是使传统媒体成为移动互联网上的新型主流媒体，提升传统媒体在移动互联网空间的传播力、引导力、影响力、公信力，更好地维护政治安全、文化安全和意识形态安全。同时，面对传统盈利模式的坍塌，借助移动互联网创新盈利模式，实现媒体在移动互联网时代的可持续发展，也是转型的重要目标。目前距离这一目标还有较大差距。

目前，传统媒体借助"两微一端"等新兴传播渠道，不断创新表达方式，移动端的传播力影响力有所增强，但传统媒体的传播力影响力还没有在移动端完全占据主流，还缺少传播力强、影响力大、能够与用户建立广泛连接的自主可控平台。在经营方面，虽然传统媒体基于移动互联网进行了一些经营方式上的探索，但从总体上看，新媒体尚处于投入阶段，真正实现盈利的媒体不多，还没有摸索出可供传统媒体广为借鉴的盈利模式。无论从传播力影响力还是从经营实力来看，距离转型目标都还有较大差距。

（3）完成移动化转型还需要较长时间

对于传统媒体来说，移动化转型是一个复杂的系统性工程。在移动互联网对社会进行全方位重构并成为整个社会的"操作系统"的情况下，创新发展必然要在移动互联网的逻辑和机制下进行，传统媒体需要深入了解和把握移动互联网的规律，并在此基础上重建内容生产逻辑、传播逻辑和生存法则，需要以创新开放的态度来面对技术带来的变革。

从转型实践来看，传统媒体移动化转型还面临着方方面面的困难，这里既有媒体思维理念没能与时俱进的问题，也有技术水平落后、人员技能无法适应转型需要的问题，还有资金投入不足、僵化的体制机制掣肘等问题，商业化平台的快速崛起带来的传播格局的深刻变革也给传统媒体的移动化转型带来压力。面对传播技术的深刻变革，改变传统媒体多年来形成的惯性思维，用全新的思维理念武装自身，以先进技术为引领，创新体制机制进行媒体再造，使传统媒体变身为移动互联网时代的新型主流媒体，提升移动端传播力并实现移动化生存与发展，这将是一个漫长的过程，需要以时间换空间，通过艰难的蜕变最终化蛹成蝶。

三　传统媒体移动化转型取得的初步成效

1. 传统媒体普遍重视并切实开展了移动化转型

我国传统媒体普遍重视移动化转型，原因主要有两方面：一是形势所迫；二是中央推动。中央全面深化改革领导小组第四次会议审议通过《关于推动传统媒体和新兴媒体融合发展的指导意见》、习近平总书记关于媒体融合发展的重要讲话发表后，全国各类传统媒体立即行动起来，研究部署融合发展工作，有的媒体、媒体集团将之作为"一把手工程"，主要领导亲自抓。在媒体融合、加强新媒体建设中，各传统媒体越来越认识到移动传播的重要性，许多传统媒体都确立了"移动优先"战略。在融合发展中，移动传播、移动化转型是重中之重。领导重视，认识提高，行动果决，由此推动了组织架构调整、生产流程改造、体制机制创新等，媒体资源开始向移动端倾斜。

在组织架构调整上，一些媒体整合集团旗下各媒体或媒体各部门的采访力量，建设全媒体采访中心/融媒体采访中心，记者的首要任务是为新媒体供稿；有的媒体改变多年来形成的符合报纸内容生产的组织架构，以移动端为主平台和主阵地进行内容生产；还有的媒体甚至关停部分纸媒，全面转型移动新媒体；一些媒体还鼓励媒体内部跨部门成立融媒体工作室，进行新媒体内容的生产。上述组织架构的调整，使采访资源优先为移动端服务。除此之外，传统媒体以中央厨房或融媒体中心为中枢，以移动端内容生产为先导再造生产流程。在体制机制方面，加大移动端产品在考核中的权重，以引导媒体从业人员重视移动端内容生产与传播。总之，随着移动传播规模扩大、渠道增多，传统媒体的移动化转型已经切切实实地实施起来了。

2. 移动传播取得初步成效

传统媒体都加大了移动端的投入，积极推进"两微一端"等多渠道传播，移动传播产品众多，形式多样。据人民网研究院调查显示，2018 年，在全国计划单列市及以上城市的 284 家报纸中，微博、微信公众号、新闻客户端（含报社和报业集团自建新闻客户端）的开通率均超过 90%，中央级报纸、省级党报的全渠道布局完备。① 从报纸各个渠道的用户数来看，移动终端用户数量远远超过传统终端的用户数量，大大提升了传统媒体的用户覆盖面。

组织架构调整、生产流程再造、体制机制变革等使人力资源更多聚集于移动端，激发了移动端内容生产的积极性和活力，传统媒体移动端内容生产力显著增强，移动端内容数量提升、形态更加多样。主流媒体的优质内容通过移动端得到更大范围的传播。以 2018 年全国两会报道为例，在两会报道中，微视频、H5、图表、直播、VR 等新形态逐渐普及，以人民日报、新华社、中央电视台等为代表的主流媒体融合动漫、脱口秀、H5、纪录片等手段，推出多款有创意的移动新闻产品。通过移动化转型的实践探索，爆款产品不

---

① 《2018 报纸融合传播指数报告发布》，人民网，http://media.people.com.cn/GB/n1/2019/0327/c120837 - 30996998.html，2019 年 3 月 27 日。

断涌现，出现了一批浏览量上千万甚至过亿的产品。2017 年至 2018 年 9 月，人民日报社融媒体产品实现井喷式增长，平均每月产生 1—2 个浏览量过亿的"网红"产品。[①] 党的十八大以来，新华社推出《心中的牵挂》《答卷》《誓言》《那年，我们 21》等 50 多个浏览量过亿的重磅融媒体产品[②]。央视的系列微视频《初心》、人民日报微视频《最牵挂的人》《快看呐！这是我的军装照》等融媒体产品浏览量均超过 10 亿。

3. 新兴渠道营收开始起步，少数媒体移动端收入显示较好前景

在转型过程中，部分传统媒体借助内容生产优势、技术优势及媒体的权威性与公信力，不断拓展移动端广告、内容代运营服务、定制内容生产、版权经营、技术服务、移动电子商务及 O2O 服务等，基于移动互联网及新兴渠道的营收开始起步，虽然总体上看收入不多，但增长趋势可喜。2014—2017 年，上海报业集团新媒体业务收入占集团媒体业务总收入的比重分别为 0.88%、9.44%、18.55%、34.5%，增长率实现连年翻番。到 2018 年底，集团新媒体收入占媒体业务收入的比重达到 50.83%。[③] 2019 年，这一比重上升到 58.39%，新媒体创新服务收入成为后起之秀，占集团媒体业务总收入的比重达到 31.68%。[④] 从 2015 年开始，中国青年报报纸广告收入下降的缺口，主要靠非传统端增收弥补（包括线下办活动的收入和移动端收入），其中，中青在线全媒体营收做出了一定贡献，2016—2018 年，官方微博、微信公众号以及 H5 产品的广告收入约 1700 万元；视频直播、微视频则获得了不少政府机构、商

①　魏贺、许晴：《推进媒体融合发展　人民日报彰显主流媒体担当》，《人民日报》2018 年 9 月 10 日第 9 版。

②　黄小希、史竞男、王琦：《守正创新有"融"乃强——党的十八大以来媒体融合发展成就综述》，新华网，http://www.xinhuanet.com//politics/2019-01/26/c_1124046980.htm，2019 年 1 月 26 日。

③　裘新：《潮来潮往皆为光辉岁月　争当上海文化品牌龙头》，《新闻战线》2018 年第 5 期。

④　《上报集团社长裘新：以"出圈"勇气"破阵"媒体融合相持阶段》，澎湃新闻搜狐号，https://www.sohu.com/a/376536776_260616，2020 年 2 月 28 日。

业机构的订单。①

人民日报客户端 2016—2018 年三年累计广告纯收入 3.1 亿元。封面新闻在加强广告经营的同时，大力开拓直播短视频变现、技术变现、版权变现、产品矩阵变现等不同于常规广告形式的经营，2017 年营收 6060 万元，同比增长 334%，2018 年继续保持增长势头。② 2017 年上半年，澎湃新闻营收比上年同期增长 150%。县级媒体集团——安吉新闻集团推出的爱安吉客户端，2017 年全年营收超过 2000 万元，③ 县级融媒体机构——浙江省长兴传媒集团 2015 年营收 1.9 亿元，2016 年营收 2.08 亿元，2017 年营收 2.09 亿元，2018 年实现营收 2.32 亿元。④

四　传统媒体移动化转型面临的问题

1. 传播力提升较快，但传统媒体在移动端远未占据主导地位

传统媒体凭借得天独厚的原创资质与能力，加上融媒体内容生产能力的提升和多渠道传送，在移动端的传播力已经显著提升，在重大时政新闻和突发事件报道中，传统媒体原创信息已占主导地位，许多浏览量数千万甚至超亿的现象级产品都出自传统媒体。但是，传统媒体在新兴媒体特别是移动端的传播力、影响力，严重依赖于第三方平台，自有的移动平台人气不旺、影响力弱。这带来了如下后果：传统媒体越追求传播力的扩大，越需要借重第三方平台；越来越多的传统媒体蜂拥进入第三方平台，在第三方平台发布越来越多的信息；第三方平台凭借技术优势将传

---

① 数据来自 2017 年 5 月、2019 年 5 月本书作者在中国青年报的实地调研及对中青在线总编辑的访谈。

② 郭全中：《真融合的封面探索》，《新闻战线》2018 年第 7 期。

③ 来自本书作者在安吉新闻集团的实地调研及对台长宋焕新的访谈，2018 年 10 月。

④ 2015—2017 年数据来自本书作者在长兴传媒集团的实地调研，2018 年 10 月。2018 年营收数据参见崔忠芳《这家县级传媒营收每年以 8% 以上速度增长》，搜狐号广播广告圈，https://www.sohu.com/a/340965154_708049，2019 年 9 月 15 日。

统媒体、党政部门与企事业单位、个人自媒体发布的信息聚合在一起，信息越来越多，平台越做越大，从而成为移动传播的王者，传统媒体就更加离不开这些第三方平台了。其结果便是：传统媒体获得了传播力、影响力扩大之名，而第三方平台名利双收，赚得盆满钵满。数据显示，今日头条母公司字节跳动2018年营收超过500亿元①，其广告收入主要来自今日头条客户端——这比中国所有传统媒体移动端的总收入不知要高多少倍。创办于2016年6月的趣头条，2018年第三季度营收9.77亿元②，第四季度达到13.3亿元③。传统媒体的移动传播，叫好不叫座，有传播效果，收入却极其有限。

商业网站、商业公司开办的移动平台人气大旺，活跃用户巨多，而传统媒体所办的移动平台尽管在努力追赶，但差距很大而且短时间内难以大幅度缩小差距。传统媒体在介绍其客户端用户数量时，一般讲的是下载用户数，实际上下载用户数是虚的，有的用户下载后根本就没打开过。业界重视的是活跃度，即每天、每周或每月有多少用户打开并浏览了客户端的内容。为获取比较准确的客户端活跃数，我们经过比较分析，选择了两家直接从移动终端获取数据且样本数过亿的数据监测公司——易观智库和艾媒咨询，购买它们监测到的新闻客户端用户活跃数据，得到了易观智库从2016年1月至2018年7月的数据和艾媒咨询从2016年1月到2019年3月的数据。从易观智库的监测数据可得到以下几点初步结论：第一，商业网站、商业公司的新闻客户端的月度活跃用户数巨大，最高的今

---

① 今日头条没有公开发布年度财报。从检索到的数据来看，据相关知情人士向媒体透露，抖音与今日头条的母公司字节跳动曾预计2018年度广告营收在500亿到550亿元之间，但最终只达到目标区间下限。另据恒大研究院2018年9月初发布的报告，预计今日头条2018年广告总收入超290亿元，抖音的广告收入有望超过180亿元。885财经网，http://www.885.com/a/360645.html，2019年1月16日。

② 《趣头条上市首份财报：Q3营收1.423亿美元同比增长520.3%》，同花顺网，http://stock.10jqka.com.cn/usstock/20181112/c608100255.shtml，2018年11月12日。

③ 《趣头条2018四季度财报发布，2019重点打造"趣头条号"》，网易网，http://news.163.com/19/0306/16/E9JNIMLQ000189DG.html，2019年3月6日。

日头条、腾讯新闻，月活跃用户数均超过 2.8 亿，最低的是一点资讯，月活跃用户数约 1700 万。第二，传统媒体的新闻客户端月活跃用户数都比较低，较高的有以下几家：东方头条、人民日报、央视新闻、澎湃新闻，其月活跃用户数在 100 多万到 1000 万之间，其他的，月活跃用户数几十万，最少的仅几万。第三，商业网站、商业公司新闻客户端的月活跃用户数在两年半中多数呈增长趋势，最快的今日头条增长近 2 倍，趣头条 2018 年 7 月比 2016 年 8 月增长 22 倍，一点资讯略为下降，搜狐新闻略有增长，其他都有 10%—50% 的增长。第四，在两年半时间里，传统媒体的新闻客户端月活跃用户数，仅部分有增长，其他呈下降趋势，有的甚至大幅下降，其中东方头条增长了 15 倍，央视新闻增长了 110%，人民日报增长了 40%，多家月活跃用户数有所下降，个别新闻客户端月活跃用户数从几十万下降到几万。第五，腾讯新闻、今日头条、搜狐新闻、网易新闻、凤凰新闻、新浪新闻、天天快报、趣头条、一点资讯等 9 个新闻客户端 2018 年 7 月总活跃用户数达 9.17 亿，而人民日报、央视新闻、央视新闻＋、东方头条、澎湃新闻、每日经济新闻、北京时间、上观新闻、时刻新闻、新湖南等 9 个新闻客户端（央视新闻、央视新闻＋合计为一个新闻客户端）2018 年 7 月总活跃用户数为 2000 多万，差距极大。第六，从 2017 年 7 月到 2018 年 7 月，9 个商业网站、商业公司新闻客户端月活跃用户数增幅为 18%，而 9 家传统媒体的新闻客户端在同一时间月活跃用户总数增幅为 33%，增幅虽然高于商业网站、商业公司新闻客户端，但因绝对数相差巨大，若无突破性改变，迎头赶上还需要很长时间。

艾媒咨询监测到的中国新闻客户端 2016 年 1 月—2019 年 3 月的月活跃用户数，与易观智库的监测数相比，有差异，但商业媒体新闻客户端与传统媒体新闻客户端超强—较弱的格局不变。个别客户端差别巨大，如艾媒咨询监测的一点资讯月活跃用户数为 3000 多万，为易观智库监测数据的近两倍。总体上说，艾媒咨询监测数据低于易观智库数据。2018 年 7 月，9 家商业网站、商业公司新闻客户端月度总活跃用户数为 8.31 亿，比易观智库数据低 8000 多万，而近 20 家传统媒体的新闻客户端（除前述 9 家外，另监测了新华社、中青报、界面新闻、南方＋等 10 家中央及地方媒体的新闻客户端）的月活跃用户数仅 1000 多万，离 2000 万还差得较远。传统媒体新闻客户端月活跃用户数最高的仍然是东方头条、人民日报、央视新闻、澎湃新闻等。两家公司的监测数据，东方头条新闻客户端活跃用户数要高于其他传统媒体，原因是该客户端除发布大量通俗新闻外，还采用了一些非传统的做法，不仅阅读新闻可获得金币，邀请好友、每日登录、答题、玩小游戏等等，都可获得金币，金币可兑换现金，兑换门槛低，提取便捷，可秒到微信、支付宝账号。

移动端用户数量庞大，很难获得绝对准确的活跃用户数据。不过，对比易观智库、艾媒咨询两家监测的数据，还是可以得到一个基本结论：直至目前，商业网站、商业公司的移动平台仍然占据绝对优势，传统媒体自有品牌的移动平台虽初具规模，但总体上还很弱小。

传统媒体那些浏览量几千万甚至上亿的融媒体产品，其主要浏览量都是在第三方平台产生的，在传统媒体自有品牌移动平台上产生的浏览量占比都比较小。我们随机选取了人民网官方微博 2018 年 12 月 25 日发布的 10 条微博，统计了它们在新浪微博和人民微博上的阅读量数据，平均每条微博在新浪微博上的阅读量为 54.4 万，而在人民微博上的平均阅读量仅为 1.5 万，传播效果相差悬殊。人民日报客户端于 2017 年建军节前夕推出的 H5 产品《快看呐！这是我的军装照》浏览次数累计超过 10 亿，独立访客累计 1.55 亿，这主要得益于 H5 在微信平台的分享和转发。据统计，该 H5 链接被分享给微信好友或微信群的次数超过 4800 万次，被分享到朋友圈的次数超过 1100 万次。[①] 可以说，传统媒体生产了相当多

----

① 余荣华：《10 亿＋浏览量！人民日报"军装照"缘何获得中国新闻奖一等奖？》，微信公众号"网络传播"，https://mp.weixin.qq.com/s/yS4TArs01wT3－u5zv5cjDQ，2018 年 11 月 12 日。

的优质内容但并未掌控使优质内容得以广泛传播的新平台。

2. 传统渠道日渐式微，而人财物仍大量聚集于传统端

多数传统媒体发行量（收视收听率）持续下降，但人力资源投入很难降下来，围绕出版、播报的财力物力投入也很难下降，从总体情况看，投入的增量部分虽然大多投向了移动端，但支出的存量部分仍主要集中于传统端，传统端人员编制仍是大头，传统端的采编播报、印刷、发行（传输）投入仍然占较大比重。

传统媒体产能过剩，但已经关停并转的只是少数，绝大多数仍在继续运行。上海文广集团总裁高韵斐在 2018 年集团年度工作会议上的讲话中指出："我们现在改革面对着一个最大的问题，就是要从 10 到 1。增量改革好做，存量改革很难，遇到的阻力会非常大。"① 传统终端产能过剩，但去产能不能一关了事，需要为员工提供转岗的机会，因此去产能难度很大，很多传统媒体明知产能过剩、效率低下，却又难以在短时间内改变现状。上海报业集团在五年内关停并转 1/3 的报刊、91 家企业，这种转型力度和魄力在传统媒体中比较少见。

新媒体不同的端口有不同的特性，微博、微信公众号、短视频、抖音、快手、今日头条、腾讯新闻、搜狐新闻……不同的端口、平台、渠道，信息形态、处理方式是不同的。在传统端工作较长时间的编辑记者，转型是有相当大难度的。浙江长兴传媒集团组建时，要求记者既能拍视频又能写稿、拍照、发微博，但是，原来做电视的写不了文字稿件，纸媒记者拍不了视频，一些人因此离职。在一些传统媒体，人的思维及能力转型难，加上缺乏有效的激励鼓励机制，绩效考核向移动端倾斜的力度不够，一些传统媒体从业人员对转型持有抵触情绪。在传统端，人浮于事的情况是存在的。正如某报业集团总编辑所言："哪一家传统媒体不都是几千人，

---

① 高韵斐：《破釜沉舟真转型，改革发展再出发——在 2018 年台集团学习讨论会暨年度工作会议上的讲话》，百家号"蓝鲸财经"，https://baijiahao.baidu.com/s? id = 159469673773622 9101&wfr = spider&for = pc，2018 年 3 月 12 日。

干活的时候找不到人，发工资的时候一地都是人。"[1] 这反映了媒体转型所面临的现实困境。

3. 新兴渠道还很弱小，难以承载传统媒体转型之重

在传统渠道日渐式微的同时，传统媒体在移动端还没有形成与传统媒体的传播力影响力相称的自主品牌的平台。发展移动新媒体需要大量的资金、先进的技术及人才做支撑，少数媒体依托集团的经济实力并借助财政支持，在移动端方面加大投入，培育出了有一定传播力影响力的移动新媒体。但更多传统媒体，特别是一些地市级媒体能够投到移动新媒体建设的资金相对有限，技术力量缺乏，难以吸引高端人才，创办移动新媒体仅仅是媒体应对移动互联网发展趋势而不得已迈出的一步，但后续系统更新及功能完善很难跟上，移动新媒体的传播力影响力弱，传统媒体在移动端的传播还是主要依靠今日头条、微博、微信、抖音等第三方平台。自主平台不强大，导致移动新媒体无法承载传统媒体的传播力影响力及品牌价值，更无法承载人员转型和媒体未来的生存发展。对于大多数传统媒体而言，收入依然主要来自传统端，新媒体平台投入巨大，但收入较少，大多数新媒体平台尚处在投入期，无法实现收支平衡，更无法支撑传统媒体的整体转型。羊城晚报报业集团总编辑刘海陵称羊城晚报的新媒体虽然有收入，但目前只带来了五六百万的利润额，远远不足以支撑报业集团发展。类似的现象在其他报业集团同样存在，南方报业集团负责新媒体业务的副总编辑曹轲介绍，新媒体的收入在南方报业集团的广告总收入中只占不到30%。[2]

媒体融合、移动化转型，最需要的是传统媒体掌握网络舆论空间的主导权，在移动舆论场继续发挥主流媒体凝聚社会共识、引导

---

① 《羊城晚报社长刘海陵：转型的第一步是先活下去》，微信公众号"传媒大观察"，https://mp.weixin.qq.com/s?__biz=MzA4Mzk2NTAyNA%3D%3D&idx=1&mid=2650667491&sn=7ab24522cf9fd54d4aaf1cec72499318，2018年8月17日。

② 刘峰、徐中和：《新媒体环境下传统媒体的转型突围之路》，《中国经贸导刊》2017年第4期。

社会舆论的功能，继续发挥党和国家治国理政的资源与手段的功能。因此，传统媒体的移动化转型，不仅仅是信息传播从传统端向移动端的转移，而且是媒体多元功能向移动端的延伸、拓展。这需要传统媒体建立起能够广泛连接公众和各类资源的自主可控的移动媒体平台，与服务对象建立起密切的联系，重新成为汇聚海量用户、连接各类资源的枢纽，进而实现媒体多元功能的转型。现实情况与这一要求还相去甚远。

第四章

传统媒体移动化转型路径研究

"路径"（英文：path）一词指的是从起点到终点的全程路由，即到达目的地的路线，比喻办事的门路、办法。在本书中，路径是指传统媒体向移动化目标发展所采取的一整套变革措施、方法。可以理解为传统媒体为适应传播技术、传播环境的变迁，充分利用技术、制度、环境等各种内外部有利因素，主动改变原有发展方式，创造形成新的发展方式的过程。中国传统媒体在移动化转型的实践过程中，依据自身的资源、积累、优势及环境等方面的有利因素，进行了不同方式、模式的探索，形成了几种比较典型的转型路径。

路径一：依托原有品牌全面推进移动传播，依移动传播之需迈出移动化转型步伐

利用原有品牌的公信力、权威性，全方位全渠道展开移动传播，以移动传播量的积累带动移动化转型，这是中国传统媒体目前最常见、最普遍采用的一种移动化转型方式。其中，人民日报社最具有代表性，人民日报社是第一批在微博、微信、抖音等移动端平台上开设账号的传统媒体，人民日报社移动化转型的探索，带动和影响了中国一大批传统媒体。

1. 案例：人民日报社的移动化转型之路

　　人民日报社是中国最早开展数字化传播的媒体。1995 年，人民日报社新闻信息中心将人民日报每天刊登的图文信息上传到新加坡一个平台上，在任何地方登录这个平台都可看到人民日报当天的内容。1997 年 1 月 1 日，人民日报网络版（2000 年更名为"人民网"）上线，这是中国第一家开通网络版的全国性媒体。2000 年，人民日报社通过人民网日本公司在日本 Imode 手机网站推出中日双语短信新闻。2003 年之后，人民日报社先后推出手机短信和彩信手机报。不过，这些仅仅是人民日报社开展移动传播的前奏，真正的移动传播是从开通法人微博、推出人民日报微信公众号开始的。

　　2012 年 7 月 22 日凌晨，北京特大暴雨造成了极为严重的城市内涝，人民日报社在新浪微博平台和人民微博平台、腾讯微博平台同时发出了第一条微博，人民日报法人微博诞生了。此后，人民日报法人微博迅速爆红，粉丝暴涨，短期内便成为最具影响力的媒体微博。当时微博的主要用户使用 PC 机上网，但随后一两年，手机网民成为微博主要用户，微博成为人民日报社移动传播的主要渠道之一。

　　法人微博的成功，增添了人民日报社移动传播的信心。微信平台推出公众号不足半年，人民日报社便开通了微信公众号。

　　2014 年 6 月 12 日，"人民日报"新闻客户端全新推出。人民网停止更新"人民新闻"新闻客户端，全力配合人民日报社重磅推出"人民日报"新闻客户端。

　　2017 年 2 月，人民日报社开通直播平台"直播大厅"，每天推出多场视频直播。

　　2018 年 6 月，在人民日报社创办 70 周年之际，"人民号"自媒体平台上线。

　　2018 年 9 月，人民日报社在抖音平台开通账号。

　　2018 年 12 月，人民日报社入驻快手平台。

　　2019 年 5 月 25 日，人民日报社首款智能虚拟主播果果亮相中国国际大数据产业博览会，人民日报虚拟主播正式上线。

短短几年，人民日报社移动传播全面推进，并且取得了巨大成功。至 2019 年 5 月，其法人微博粉丝总数超过 1.2 亿，其中新浪微博粉丝接近 9000 万，人民微博粉丝 3000 多万。按 2018 年新浪微博统计数据，人民日报法人微博平均单篇微博阅读量 493 万，互动量（转发、评论、点赞量）篇均 1.8 万，不仅居全国媒体微博之首，而且在整个新浪微博平台各类账号中（包括明星、机构等），其订阅量、互动量、影响力均名列前茅。人民日报微信公众号订阅用户数超过 1800 万，其影响力在近 2800 万公众号中排名第一。《2018 抖音大数据报告》显示，在 1344 个抖音媒体号粉丝量前十强中，四强均出自人民日报报系，分别为：人民日报居首位，粉丝 793 万；人民网第三名，粉丝 496 万；环球网第八名，粉丝 209 万；环球时报第九名，粉丝 182 万。2018 年，抖音平台上媒体号累计获赞 26 亿，人民日报获赞 1.7 亿。[1] 人民日报客户端下载量已超过 2 亿，月活跃用户数超过 450 万，居传统媒体新闻客户端前茅[2]。

与此同时，人民日报社对外宣传的移动传播也在全方位展开。除自建英文新闻客户端"People's Daily"外，"借船出海"也做得很出色，在海外社交媒体已形成"2 + 4"总体布局："2"即两个主要社交媒体平台脸谱和推特，以英文传播为龙头，英、法、德、俄、日、韩、西班牙、葡萄牙、阿拉伯等十大语种并进；"4"即俄文 VK、日文连我、视频平台优兔和图片分享平台 Instagram 四个渠道，在这些平台上进行相应语种内容的本土传播。截至 2018 年底，人民日报海外社交媒体平台总粉丝量超过 5500 万，[3] 2017 年全年

---

[1] 《抖音发布 2018 大数据报告，〈人民日报〉播放量超 27 亿成最火媒体号》，中国经济网，http://www.ce.cn/xwzx/shgj/gdxw/201901/31/t20190131 31406003. shtml，2019 年 1 月 31 日。

[2] 依据本书作者购买的艾媒咨询和易观智库的数据。

[3] 数据来自人民网内部材料。

的阅读量就已超过 50 亿，[①] 粉丝量、活跃量、互动量位居全球报纸第一。

人民日报社多平台、多渠道、多形态、多层次、多语种的移动传播矩阵已初步形成。多平台、多渠道包括在具有海量用户的微博、微信、抖音、快手、今日头条、腾讯新闻等平台开通的账号以及自有客户端。多形态包括图文、短视频、直播、音频、H5、UGC 等。多层次包括至少四个层次：首层是人民日报客户端及以人民日报社名义在各移动平台开设的账号；第二层是由人民日报社各业务部门、国内国外分社、所属报刊网站运营的各种账号，影响大的有人民网、环球时报的微博和微信公众号，还有侠客岛、学习小组、学习大国等微信公众号；第三层是人民日报社编辑部门中的各个版面、编辑小组，以及所属报刊网站的部门、频道开设的账号；第四层是人民日报报系工作人员实名开设的账号等。这些都是在人民日报社旗下开展的移动传播，阵容强大，影响广泛。多语种指少数民族语和外文，人民日报目前以十多种语言进行移动传播。

为更好地服务于、服从于移动传播，人民日报社适时出台了相关的规章制度，对机制体制作出调整，实施了一些新的办法，设立了新的机构，这些都是媒体融合发展、移动化转型实实在在的具体措施。

正如以往鼓励编辑记者为人民网写稿一样，人民日报社各部门都将为新媒体、为移动端撰写稿件计入工作量，将移动端的传播量、点赞数等作为评好稿的依据之一；设立人民日报社新媒体中心，负责微博、微信、中文英文客户端及抖音、快手、直播等新媒体运营；成立人民日报媒体技术股份有限公司，负责中央厨房、媒体融合、移动传播等技术工作；鼓励编辑记者跨部门自由组建工作

---

① 《你没看错！人民日报海外社交平台粉丝数全球纸媒第一》，海外网，http://ocnm. haiwainet. cn/n/2018/0529/c3543528 - 31326346. html，2018 年 5 月 29 日。

室，创作高质量的新媒体内容稿件；不定期举办新媒体培训，新入职的应届毕业生先到新媒体中心轮岗一年；重大报道成立全报系的"全媒体报道小组"，由报社领导挂帅；日常报道由原来的报纸编前会改为全媒体编前会，报、网、端、微主要负责人都参加，共同策划选题，让全媒体采编更好地对接。这些措施，有效地促进了新媒体的发展，是对媒体移动化转型的有益探索。

与此同时，人民日报社非常重视技术投入和新技术的运用。人民日报社"中央厨房"投入使用已超过四年，无人机和VR全景拍摄已进入常规使用，H5、视频直播、虚拟现实播报已用于日常报道，智能虚拟主播上线。2017年7月1日，中国人民解放军建军90周年前夕，人民日报社推出的互动型H5产品《快看呐！这是我的军装照》，全球访问量超过10亿次。

人民日报社在加大移动传播，进行机构机制调整的同时，也适时地开展了移动端的经营。移动端经营目前主要在客户端进行，委托一家广告公司代理客户端广告，已连续三年获得收入，三年累计纯收入达3.1亿元人民币。纯收入虽然不高，但已接近人民日报主报纸广告三年的累计纯收入。

2. 传统媒体最普遍的转型路径

人民日报社的移动化转型之路，有以下几个特点。（1）所有移动端的传播、经营，无论在何种平台，无论哪种渠道，无论哪个层次、何种语言，全都依托于"人民日报"这一品牌，不另创新的牌子。（2）兼顾传统媒体、传统传播渠道，融合推进，不突然停掉传统端某个产品，在大力发展移动端的同时，努力保持传统传播渠道的稳定。2019年，人民日报订阅量达330万份，比上年略有增长；人民网等PC网站持续发展；数字屏媒（电子阅报栏）传播也相对稳定。（3）循序前行，小步快走，稳步推进，聚沙成塔，集小变为大变。（4）移动端做加法，传统端做减法，重心缓慢移向移动端。2019年，人民日报有史以来首次缩减版面，由部分彩印改为全彩印，工作日由出版24版改为20版，节假日从12版改为8版，周末仍为 8 版。减版后，编辑工作量相应减少，传统端采编力量无形中也减少了。这是传统端适时收缩的标志性事件。

放眼中国传统媒体移动化转型，绝大多数走的是与人民日报社相似的路径。

全国性媒体中，新华社、中央广播电视总台合并前的三台（中央人民广播电台、中央电视台、中国国际广播电台）、光明日报、经济日报、中国青年报等，还有多数省级媒体、部分地市级媒体，移动化转型所走的路子与人民日报社相似。这些媒体在移动传播上的投入有大有小，移动传播的渠道有多有少，但是基本上都具有以下特点。（1）无论微信公众号、客户端，还是微博、聚合平台账号，都使用传统媒体名称，都依托传统媒体品牌的权威性、公信力开展移动传播。（2）在加快移动新媒体发展的同时，原有纸媒或广播电视等母媒体都继续运营，力争有所发展或保持稳定，其子媒体优者继续运营，无法维持的停掉。（3）移动传播都是逐步发展起来的，小步快走，稳步推进。（4）部分媒体开始收缩传统端，有的减缩传统端人员，有的停刊、休刊部分子报子刊。

可以说，"依托原有品牌全面推进移动传播，依移动传播之需迈出移动化转型步伐"是中国传统媒体最普遍实施的移动化转型路径。

中国青年报（以下简称"中青报"）是全国性媒体，其媒体规模、子报刊数量、从业人数，还有权威性、影响力都不能与人民日报社相比，但是，这并不影响它走与人民日报社相似的移动化转型之路。中青报的报纸继续出版，但提出移动优先，要求全体编辑记者都具有"移动优先"意识，其"融媒小厨"从体制机制上保证了"移动优先"的实施。为推动移动传播，社长张坤自己开了微信公众号，几乎每天更新。中国青年报社各采编部门和记者站一共开设了 52 个微信公众号，形成微信矩阵。中青报官方微博、新闻客户端都是"中国青年报"，移动端下载用户已超 1200 万，远超纸媒订户。中青报特别重视 H5 产品，将其视为移动化转型的核心。此外，视频直播也很出彩，总部记者、国内驻地记者、海外记者，几乎全都主持过视频直播。中青报在开拓会展业务、增加收入以弥补广告与发行量下降的同时，也注重移动端的创收。2016—2018 年，官方微博、微信公众号以及 H5 产品的创收约 1700 万元；视频直播以及关联的微视频，获得了不少有收益的订单，包括政府机构、商业机构的委托等。①

3. 这是一种有利于摸索前行、稳健发展的移动化转型路径，但对品牌知名度低、影响力弱的传统媒体来说，转型之路相当漫长，甚至困难重重

（1）这是一种比较稳妥、比较缓慢的移动化转型方式

我国的传统媒体一般都有二三十年的历史，有的创办了五六十年甚至更久，在漫长的发展过程中形成了较强的权威性、公信力，有较好的品牌认知度。依托于传统媒体的品牌开展移动传播，容易受到移动网民的关注，容易在移动端产生吸引力，形成传播力、影响力、公信力。

此种移动化转型路径，实施起来比较容易，运行比较平稳，不容易大起大落，媒体集团特别是母媒体一般都实施这样的转型路径。这样做，是在移动端摸索前行，走一步看一步，稳扎稳打，传统端能继续发展的继续发展，不能发展的则尽可能稳住阵脚，移动端闯出路子、有一定规模了再慢慢地将重心转移过去。这实质上就是常说的融合发展。这样做的好处是比较稳妥，虽然转型会慢些，也可能会失去移动端的某些机会，但避免了大的风险，留足了观看、观察的时间，保留了选择的机会，移动端逐步适时地扩大，传统端可以根据移动端的发展情况以及传统媒体市场情况进行适当收缩，集小变为大变，以时间换空间，逐步地稳妥地实施移动化转型。目前在国内众多的传统媒体中，像澎湃新闻那样停掉传统媒体

---

① 数据来自 2017 年 5 月、2019 年 5 月本书作者在中国青年报的实地调研及对中青在线总编辑的访谈。

《东方早报》，另创牌子，不再使用原有品牌，全员转移到移动端的传统媒体，还是挺少的。

（2）传统媒体在第三方聚合平台拥有较强传播力，但盈利能力却极弱

2019年6月，新浪微博拥有4.86亿月活跃用户，[①] 2019年第三季度，微信月活跃用户达11.51亿，[②] 今日头条、腾讯新闻、抖音、快手、喜马拉雅等，月活跃用户都上亿。传统媒体在这些拥有海量用户的聚合平台上注册账号，很容易获得关注，形成传播力。但是，这些平台是他人的，传统媒体只不过在这些大平台中获得了一两个"柜台"而已，能够获利的话也是很微薄的。人民日报、中央电视台、新华社账号的粉丝量巨大，但为了让用户获得好的体验，这几家传统媒体在这些聚合平台不自营广告、不搞营销，在这些平台上几乎没有收益。一些传统媒体虽然自营广告，做营销，或者通过平台广告分成获得"一杯羹"，但收益都不高，投入与产出根本不成比例！国外情况与此相似，据Business Insider报道，Digital Content Next发布的报告显示，2016年上半年传统媒体、出版商从第三方平台（包括Facebook、Google、Snapchat等）上获得的收益为770万美元，仅占其同期全部收益的约14%，远低于预期。[③]

（3）品牌知名度、美誉度的高低与传播力、营收力呈正相关关系，品牌知名度低的媒体移动化转型难度更大

不少传统媒体在积极利用第三方平台进行移动传播的同时，开始自建新闻客户端，试图将"平台经济"掌握在自己手中，但是，绝大多数传统媒体自主新闻客户端的活跃用户数都非常低，形不成有效的"平台经济"。

---

① 《新浪微博月活跃用户数环比增2100万，股价开盘大涨近7%》，澎湃新闻，https：//www.thepaper.cn/newsDetail_forward_4202286，2019年8月19日。

② 《腾讯发布Q3财报：营收大涨21% 微信月活跃用户达11.51亿》，快科技，http：//news.mydrivers.com/1/657/657148.htm，2019年11月13日。

③ 《"上网"也无解，传统媒体在第三方平台上没想象中那么赚钱》，搜狐网，http：//www.sohu.com/a/125141184_114949，2017年1月25日。

依托传统媒体品牌自建新闻客户端，这对品牌的依赖程度很高。知名度、美誉度、忠诚度被认为是品牌的三大指标，品牌知名度指品牌被公众知晓、了解的程度，它可分为四个层级：无知名度、提示知名度、未提示知名度、顶端知名度。无知名度品牌指公众没有任何印象的品牌，某些地方传统媒体虽在当地有一定知名度，但在全国网民中可能没有任何印象，它们就属于无知名度的媒体品牌。提示知名度指公众经过提示或暗示能想起的品牌，在全国网民中某些地方传统媒体、部分省级媒体可能属于这样的提示知名度媒体品牌。未提示知名度指在不需要任何提示的情况下公众能想起的品牌，我国部分优秀传统媒体大概算得上这样的未提示知名度媒体品牌。顶端知名度指无须任何提示就能想到的某类产品的第一个品牌，我国传统媒体中属于顶端知名度媒体品牌的，大概只有一两家。

网络已经没有了地域界线，原来凭借地域界线生存和发展的区域性媒体在网络时代面临着相当大的困难，仅凭原有的资源禀赋及思维定式，无法办成全国网民喜欢的媒体。品牌知名度愈高、美誉度愈好的传统媒体，其品牌在移动端会得到更多网民的关注，具有更强的传播力。反之，品牌知名度愈低、美誉度愈差，得到的关注愈少，传播力愈差。

当然，决定传播力强弱的因素有很多，而且传播力、美誉度会随着新闻客户端的内容、传播方式、传播技巧等发生变化，知名度高、美誉度好的媒体不继续努力、不注意贴近移动端用户，知名度、美誉度、传播力便会降低；反之，原来知名度不太高、美誉度不太好的媒体，内容优秀、技术强，美誉度经过日积月累不断提高，也有可能打翻身仗，最终成为千万甚至上亿网民喜爱的新闻客户端。但是，无论如何，传统媒体自有品牌的移动平台，其传播力与营收能力是呈正相关关系的，而品牌知名度、美誉度与媒体自有移动平台的传播力、营收力也是呈正相关关系的。

综上分析，依托原有品牌稳妥推进移动化转型这一路径，虽然众多传统媒体都在实施，但收效不甚相同，未来甚至差距更大。那些品牌知名度高、实力较强、转型措施得当的媒体，能够缓慢而稳健地实现移动化转型；而那些品牌知名度不高、实力较弱、转型措施不当的媒体，可能会遇到重重困难，甚至难以实现转型。

路径二：全方位布局，多点发力，努力构建新型传播集群

我国的传统媒体在近二三十年的发展中，形成了众多报业集团、媒体集团，各集团都有两三家实力比较雄厚的媒体。在移动化转型过程中，集团如何布局媒体的移动化转型？媒体集团及下属媒体如何转型？转向何方，未来何以为生？各媒体集团都在探索。上海报业集团在转型实践中探索出一条全方位布局、多点发力、努力构建新型传播集群的路径，具有一定代表性。

1. 案例：上海报业集团的移动化转型之路

2013年10月28日，上海报业集团（以下简称"上报集团"）成立。集团成立之时，传统报业的衰退已然开始。上报集团成立以来，为适应移动互联网发展趋势，对旗下32份报纸进行资源整合，停刊休刊近1/3的报纸，同时根据不同媒体特点搭建项目平台，上海观察、澎湃新闻、界面新闻等新媒体相继推出，最终形成了上报集团融合转型新媒体的格局。

2013年12月10日，上报集团推出首个新媒体项目——上海观察客户端（后更名为"上观新闻"）。上观新闻由解放日报出品，目标用户是上海党政干部、城市利益相关者和关注上海的境内外人士。推出上海观察的目的是打造党报新媒体品牌，服务于党报转向移动端的读者。项目团队最初仅有15人，工作日每天发稿8—10篇，双休日4—5篇。[①] 鉴于信息传播的主战场已经转移到移动端，

---

① 马笑虹：《"上海观察"：探路报网融合》，《中国报业》2014年第11期。

2016 年 3 月 1 日，解放日报和上观新闻同时改版，将解放日报社原来的部门制改为频道制，报纸只保留编辑部，所有采访力量全部迁移到上观新闻的 9 个频道，记者同时为报纸和客户端两个平台服务，据此重新设计内容生产流程和管理体制。此前，上观新闻每日更新新闻 20 多篇，现在每日更新上百篇，其中七成左右为原创，移动端内容大为加强。[①]

澎湃新闻是上报集团成立后推出的战略性项目。面对商业互联网平台的激烈竞争，上报集团意识到，要实现弯道超车，必须改变与新媒体门户在低端层面比拼的被动局面，专注自己最擅长的内容。依托《东方早报》多年的专业积累及内容生产优势，2014 年 7 月，上报集团推出新媒体产品"澎湃新闻"，将战略定位聚焦在"打造时政和思想平台"，力图打造"中国第一时政品牌"。澎湃新闻成立之初，东方早报就将采访重心转移到澎湃新闻，二者在采编和管理上高度融合。2016 年 12 月，澎湃新闻在原创力、传播力、影响力等核心指标方面都覆盖和超越了东方早报，东方早报于 2017 年起休刊，完成了向新媒体的转型。同时，澎湃新闻引入 6.1 亿国有企事业单位资金，倒逼内部体制机制变革。凭借精准的定位、对网络传播规律的把握及体制机制变革，澎湃新闻上线后，借助一系列原创深度时政报道，迅速在网络媒体中脱颖而出，目前，澎湃新闻客户端已跻身传统媒体新闻客户端前列。根据艾媒咨询、易观智库提供的数据，在传统媒体的新闻客户端中，澎湃新闻的月活跃用户数在传统媒体中仅次于东方头条和人民日报。[②] 澎湃新闻用户以一、二线城市为主，北上广用户占 40%，境外用户占到 4%。[③]

2014 年 9 月，上报集团推出新媒体产品"界面新闻"。不同于

---

① 资料来自本书作者在上海报业集团的实地调研访谈，访谈对象为解放日报相关负责人，2017 年 6 月。

② 数据来自本书作者购买的艾媒咨询和易观智库 2016 年 1 月—2018 年 6 月媒体新闻客户端下载量及月活数据。

③ 数据来自本书作者在上海报业集团的实地调研访谈，访谈对象为澎湃新闻相关负责人，2017 年 6 月。

上观新闻和澎湃新闻，界面新闻是一个从无到有的全新的新媒体产品。在定位上，围绕城市中高端用户，以高品质商业新闻为特色，主打商业与财经资讯服务，内容团队有 200 人左右。它打破了传统财经媒体内容生产的常规，在生产方式、传播方式以及资本结构方面作了大胆的尝试。在运作模式上，联合 11 家互联网、金融、传媒资本，运用多方社会资源，激励创业团队，走市场化道路，尝试盈利模式的多元拓展。成立四年多来，界面新闻完成两轮融资，并与蓝鲸·财联社整体合并。据上报集团社长裘新介绍，整合后的界面·财联社将致力于打造中国移动财经客户端的领先品牌，做"中国彭博"。①

除了转型初期推出的上述三大新媒体项目，上报集团旗下两份大报文汇报和新民晚报也分别结合自身定位与特点推出移动新媒体平台。2016 年 9 月 9 日，新民晚报推出移动客户端"邻声"，内容均与民生相关，它以上海 12800 个住宅小区和 800 万户家庭为目标用户，集"资讯 + 社区 + 服务"为一体，为用户提供个性化、社区化的资讯和服务。适应移动互联网特性，该客户端可基于地理位置进行定位，并和社区居委会合作，建立起一万多人的联络员队伍，他们随时给邻声供稿。2016 年 11 月 28 日，文汇报推出"文汇"客户端，依托文汇报的传统优势、名家资源和优质内容，打造以"人文"为主要内容、具有鲜明个性特征的移动客户端。

在探索过程中，上报集团逐步形成了融合转型的"三二四"路线图。"三"是三大报（解放日报、文汇报、新民晚报）分别打造符合各自定位、传承历史文脉、未来能够承载其整体转型的新媒体平台（上观新闻、文汇、邻声），使传统主流媒体继续成为移动互联网上的新型主流媒体。"二"是澎湃、界面两大现象级媒体继续向平台级项目的目标进发，以影响力、用户规模等为核心指标，成

① 裘新：《潮来潮往皆为光辉岁月　争当上海文化品牌龙头》，《新闻战线》2018 年第 5 期。

为移动互联网上新的主流媒体或新型社区。"四"是围绕新语言空间、新商业模式、新技术、新渠道维度，推出四个新媒体项目——第六声（由澎湃推出，面向海外用户）、摩尔金融（由界面推出，是服务于投资者与财经人士的社区）、唔哩（由上报集团联合人民网推出，目标群体为"90后"新生代）、周到（由新闻晨报推出，服务于本地用户）。

除移动客户端的"三二四"布局，上报集团借助微博、微信、第三方平台进行移动传播的成绩也颇为不俗。截至2018年初，集团媒体共开设微信公众号193个，粉丝总数900万；共开设微博账号43个，粉丝总数8828万。①

经过几年的实践探索，上报集团目前已形成差异化广覆盖的移动端产品集群。从产品定位来看，有传统品牌在移动端的延伸，也有全新的移动产品；有深耕本地的，也有面向全国用户的，还有针对海外用户的。从内容定位来看，有时政类、财经类、民生类、文化类。从目标用户群来看，有官员、商业精英、知识分子，有本埠市民、本埠新市民、"90后"群体等；既提供新闻资讯，也提供垂直化专业化服务。

上报集团的媒体融合、移动化转型已取得初步成效。澎湃新闻、界面新闻的活跃用户数、影响力已居传统媒体创办的新媒体产品前列；上观新闻、邻声等新闻客户端的下载量、活跃用户数、阅读数正在稳步上升。在上报集团2018年度增长用户总数中，九成左右的新增用户来自移动端。② 更重要的是，上报集团新媒体在营收方面呈现较好态势：2014—2017年，上报集团新媒体业务收入占集团媒体业务总收入的比重分别为0.88%、9.44%、18.55%、

---

①　裘新：《潮来潮往皆为光辉岁月　争当上海文化品牌龙头》，《新闻战线》2018年第5期。

②　裘新：《未来已来，相信未来——创造上海报业改革新传奇》，《传媒》2019年第2期。

34.5%，增长率实现连年翻番。① 到 2018 年底，集团新媒体收入占媒体业务收入的比重首次超过 50%，达到 50.83%，标志着基本实现了媒体主业经营的新旧动能转换。② 2019 年，新媒体收入唱起了主角，占比达 58.39%。③ 与此同时，新媒体营收渠道拓展，新媒体广告收入占新媒体业务总收入比重持续下降，新媒体版权内容服务、财经信息服务等创新服务收入占比持续增长。2014 年，新媒体广告占新媒体总收入的 100%，2018 年只占 59.75%。④ 新媒体收入已经能够弥补传统报刊收入的下降数额了。

2. 部分媒体集团的转型路径

上报集团于 2013 年由解放日报报业集团和文汇新民联合报业集团整合重组而成，而文汇新民联合报业集团则是 1998 年由文汇报、新民晚报联合组建。上报集团实际上是由三巨头（解放日报、文汇日报、新民晚报）加上几十家中小报纸、杂志、网站等组成。这样一个庞大的报业集团如何进行移动化转型？上报集团在实践中谋划、摸索，走的是这样一条路径：全方位布局，多点发力，努力建构新型传播集群。

很多媒体都在微博、微信、抖音、快手、头条号、企鹅号、喜马拉雅等平台开设了账号，自建了客户端，全渠道地展开移动传播，学界、业界都称此为移动传播矩阵。不过仔细分析一下，传统媒体在微博、微信、抖音、头条号等开设的账号，相当于在庞大的第三方移动传播平台上的一个小栏目，它们的内容承载量有限，经营力弱，延展性差，属于轻量级移动传播产品，是轻资产，它们无法承载传统媒体整体的移动化转型之重。而客户端是一个独立的移动传播平台，此平台容量大，延展性强，可以无限扩展，堪称"重

① 裘新：《潮来潮往皆为光辉岁月 争当上海文化品牌龙头》，《新闻战线》2018 年第 5 期。

② 裘新：《未来已来，相信未来——创造上海报业改革新传奇》，《传媒》2019 年第 2 期。

③ 上报集团社长裘新：《以"出圈"勇气"破阵"媒体融合相持阶段》，澎湃新闻搜狐号，https://www.sohu.com/a/376536776_260616，2020 年 2 月 28 日。

④ 裘新：《未来已来，相信未来——创造上海报业改革新传奇》，《传媒》2019 年第 2 期。

装设备"，是重资产，能够承载整个媒体甚至媒体集团的移动化转型重任。上报集团探索的意义不在于轻量级的移动传播产品上形成了矩阵——大家都在这么做，而是在重量级的客户端产品方面形成了集群式的方阵——不仅推出了多个客户端产品，而且其中的一两个已经获得突破，展示出较好的发展前景。

上报集团的移动化转型路径有以下几个特点：（1）从集团层面谋篇布局，依据媒体实际合理规划设计移动端产品，避免集团内部重复建设、无序竞争；（2）在全面推进移动传播之时，多点发力，力求重点突破；（3）在转型目标方面，构建移动传播的新型媒体集群。

1990 年至 2000 年，我国自然形成或整合、组建了一批媒体集团。集团下各媒体定位各不相同，受众呈区域性、行业性分布。在传统媒体环境下这些集团大都经营得比较好，但在移动互联网时代，受众大量转移，原有的区域化、行业化传播格局被重构，媒体集团内各成员纷纷进行移动传播、移动化转型探索。从单一媒体自行探索到集团科学指导、统筹规划、合理布局、准确突破，有一个过程。对于不同媒体集团来说，这个过程有的长些，有的短些，有的做得好些，有的做得差些。相当部分媒体集团都在进行同上报集团类似的探索。

成都传媒集团提出媒体融合发展的"4311"战略：打造时政新闻、财经资讯、生活服务、数字娱乐等"4＋N 产品矩阵"，统筹建设数字采编、技术研发和用户大数据"三个中心"，打造一个全国领先的新媒体产业园区，合作共建一个新媒体产业发展基金，形成全面立体的新媒体产品格局和生产组织格局。

在这一战略指引下，成都传媒集团推出了承担成都日报移动传播职责的锦观新闻客户端，推出定位全国、主打调查新闻和深度报道的原创新媒体项目"红星新闻"，明确提出到 2021 年底，将红星新闻全面建成"具有国际影响力、全国一流、用户达千万级的新媒体品牌"。同时打造以原创娱乐、趣味、潮流话题为主要内容的

"谈资"客户端，此外还有引入社会资本的"四川名医""成都儿童团"等围绕用户刚需开展垂直服务的移动端产品。

四川日报报业集团也进行了类似的探索。川报观察客户端承接党报四川日报的功能，是四川日报在移动互联网上的延伸与拓展。华西都市报放弃了华西都市报客户端，以互联网公司的运作模式，按照互联网规律建设全新的移动互联网平台——封面新闻。目前，华西都市报除了夜班版面上的编辑和发行人员外，其余人全体转向为封面新闻服务，以封面新闻为主战场、主阵地、主平台、主驱动。在经营方面，封面新闻 2017 年经营收入达到 6060 万元，比2016 年增长 334%，[①] 2018 年全年增幅达 81%。[②]

重庆日报报业集团曾先后推出上游新闻、理论头条、上游财经、慢新闻等客户端。2018 年底，重庆日报报业集团都市传媒全面实施移动优先战略，全员转型移动平台，关掉上游财经、慢新闻两个客户端，将其特色内容融入上游新闻的相关频道，集中优势做好上游新闻。上游新闻升级为独立单位，由新媒体频道牵头，对传统媒体进行整合，记者队伍扩编到 400 人。

由于资源禀赋不同，认识高低不一，行动迟缓有差别，投入资金有多有少，媒体集团移动化转型所取得的成绩自然也不一样。比较而言，上报集团是做得最成功的。为什么说上报集团比较而言最成功？理由有三个方面：（1）移动端布局合理。上报集团推出的几个客户端分别是：面向全国用户，偏重于时政与思想的澎湃新闻；面向全国财经人士的界面新闻；面向全国文化界的文汇；面向上海党政干部的上观新闻；面向上海市民社区、家庭的邻声；面向海外用户的 Shine。（2）活跃用户数稳定增长。根据艾媒咨询提供给课题组的 2016 年 7 月至 2019 年 3 月客户端月活跃用户统计，澎湃新闻、界面新闻、上观新闻、邻声、文汇客户端自创办以来，月活跃

---

① 郭全中：《真融、智能、探索才有真未来》，《传媒》2018 年第 19 期。

② 数据来自本书作者对封面新闻销售管理部总监的访谈，2019 年 5 月。

用户数均稳步增长。如今，澎湃新闻月活跃用户数稳定在百万以上，界面新闻接近百万，上观新闻已稳超 10 万（这是艾媒咨询的数据，易观智库的数据比这要高）。（3）移动端收入稳步增长（前面已作介绍，此处不赘述）。

3. 合理布局很重要，更重要的是在移动端获得突破

（1）媒体集团都要重视移动端的合理布局

媒体集团旗下都拥有母媒体（主媒体）和一群子媒体，产品线长，子媒体定位、特性不一，人员队伍比较庞大，在移动化转型过程中难以依靠单一新媒体产品（即使像客户端这样延展性强的产品）有效承载整个集团的移动化转型。一般情况是，集团下属各媒体自行探索，集团则需要根据自身特点、各子媒体的资源禀赋，指导、帮助母媒体及子媒体开发新媒体产品进而推进移动化转型，重塑传统媒体在移动端的传播力影响力，承载人财物向移动端转移。除前述上报集团、四川日报报业集团、重庆日报报业集团、成都传媒集团外，其他媒体集团也都在合理布局移动端的转型。如上海文广集团分别结合视频和音频特色推出看看新闻和阿基米德 FM；河南日报报业集团推出三大客户端：以党报为引领，重点覆盖全省公务员和基层党员、党支部的"党端"——河南日报，作为全省政务平台的"政端"——河南政务，以及"综合端"——大河。

合理布局只是开始，关键是能够获得突破性进展。比较而言，从活跃用户数、用户黏性、新媒体收入上看，上报集团的澎湃新闻、界面新闻已经开始突破，在全国移动客户端中崭露头角，上观新闻、邻声也有突破的可能。其他媒体集团所创办的移动化转型产品，目前获得突破的还不明显。

（2）面向本地用户的客户端要深耕本地，提供优质的在地化服务

地方媒体集团在当地聚集了大量用户，形成了较强的品牌影响力和公信力。地方媒体移动化转型，离不开这些用户，必须服务好这些用户。基于此，地方媒体在转型过程中都开发了面向本地的移

动端产品，力图将离开传统终端的用户吸引到自己的移动端产品上来。只是，传统媒体服务于本地民众的新闻客户端多数停留在单一的新闻信息服务上，或者只有新闻信息服务做得较好，其他服务跟不上。因为今日头条、一点资讯、腾讯新闻等众多移动新媒体及自媒体已经分食了地方新闻这块"蛋糕"，多数地方媒体的移动平台仅靠新闻信息难以聚集大量活跃用户。"用户集中度"达不到规模经济的要求，广告服务及其他经营就不容易开展。

地方媒体面向地方用户的新闻客户端，需要深耕本地，提供优质的在地化服务。所谓深耕本地，就是要深入挖掘用户在新闻资讯、学习工作、衣食住行、教育医疗、交友娱乐等方面的深层次需求，充分利用媒体政治优势和资源优势，充分满足用户的需求。换言之，要将新闻客户端办成当地民众喜欢用甚至离不开的移动服务平台，在发布新闻资讯的同时，能够在政务、生活、医疗、教育等某一方面甚至多方面提供垂直深化的优良服务。只有切实有效的服务才能黏住用户，使媒体客户端成为当地用户在移动互联网上的新入口。不少地方媒体的新闻客户端都开设了政务服务窗口，但链接政务网站的多，提供有针对性服务的少，生活等方面服务做得好的也少。在深耕本地方面，还有很多工作需要做。

（3）面向全国用户的新闻客户端需定位准确，力求获得稳定用户

地方媒体集团在布局移动化转型时，除设立面向本地的移动化转型产品外，有的还会创立面向全国的移动化转型产品，如上报集团的澎湃新闻、界面新闻，四川日报报业集团的封面新闻，重庆日报报业集团的上游新闻，成都传媒集团的红星新闻，还有长江日报报业集团的九派新闻，上海文广集团的阿基米德 FM，华商传媒集团的二三里等。

地方媒体集团在移动化转型中创立面向全国的新媒体，使集团的新媒体布局更趋合理，这无可厚非。但是，能否获得突破性进展，能否最终获得成功，取决于多重因素：产品定位是否与自身资

源特性相符，资金投入是否充足，自身是否足够努力，对移动互联网规律的把握是否准确到位，产品设计是否满足用户需求，对手是否强大……当然市场是否有容纳空间也是因素之一。

中国市场足够大，它既有容纳空间也没有容纳空间。说"有容纳空间"，是因为中国网民数量庞大，一个客户端的月活跃用户数只要达到网民总数的百分之一、千分之几，就完全能够生存下去，而且会生存得比较好；说"没有容纳空间"，是因为中国已有一批月活跃用户数达几千万甚至上亿的客户端，还有众多已开设移动客户端的全国性媒体，更有一批雄心勃勃欲办成全国性新媒体的地方媒体集团，客户端在用户争夺方面的竞争非常激烈。到底能容纳下多少全国性的移动新闻客户端，很难说，这既取决于自身实力，也取决于客观环境。地方媒体创办全国性新闻客户端，定位要非常准确，内容建设上要持续发力，最好能占据独特的生态位，在忠实用户、活跃用户方面获得有效突破、达到相当规模，做到了这几点才有可能成功。

路径三：以技术服务为先导，通过移动传播平台的扩张带动媒体移动化转型

在传统媒体移动化转型实践中，部分省级媒体发现自建的移动传播平台（中央厨房、客户端等）的技术可为兄弟媒体提供技术支持，同时也能为政府正在推广建设的县级融媒体中心提供较强的技术支撑。在地方党委和政府的鼓励、推动下，经过自身努力，这些省级媒体为地市（州）媒体的移动传播和县级融媒体中心建设提供了技术服务，并且在继续为更多的用户提供类似的技术服务。通过技术服务，这些省级媒体获得了一定的经济收入，强化了技术平台，增强了移动化转型的信心，在一定程度上带动了省级媒体自身的移动化转型。这是一种特殊的转型路径。

1. 案例：江西日报社的移动化转型之路

江西日报社移动化转型源自手机报的创办。2014年2月，江西日报社按照中央网信办"一省一报"精神，创办了江西最大的移动新媒体——江西手机报（后更名为"江西新闻"）。截至2018年5月，江西手机报用户规模达到1450万，其中彩信版用户达1000万，客户端下载用户300多万，共开通了70多家江西手机报地方（行业）彩信分版，40多个地方（行业）客户端分端，客户端、短（彩）信、网页版等全媒体平台超过100个。用户包括全省80%的处级（县级）以上领导干部、300多万公职人员、50余万大学生、100多万普通群众，成为江西日报发展移动传播重要用户的基础资源。

2014年，为了让生产流程适应移动传播，推进移动优先战略，江西日报社所属中国江西网对江西手机报内容生产流程进行梳理，成立了全媒体采编调度中心，集中处理各类新闻线索和信息，统一分发文字、图片、视频、音频等各类信息，构建一次采集、多次生成、多渠道发布、多平台互动的新型采编发流程。在此基础上，中国江西网于2016年研发了"赣鄱云"融媒体中央厨房。

赣鄱云是融媒体云平台，主要拥有几大功能：移动采编系统，一部手机就能完成记者调度、现场采写编辑与直播、远程审核；融媒编审系统，图文、音频、视频、H5、直播、动漫等内容都可编辑、审核，并且一键分发至五个端口（客户端、微博、微信公众号、WAP手机网站、PC网站）；传播效果评估系统和舆情系统，传播效果即时显现和阶段性分析，舆情预警和分析；云稿库，报纸、电视台都可上传和取用图文和视频稿件；管控一体化，省市县便捷沟通，有害信息一键删除。用户只要安装了新闻客户端，便可在客户端上看当地报纸、当地电视，听当地广播，浏览当地微博、微信等，不管何时何地，"一端在手，看遍所有"。赣鄱云还打通了与政务平台的联络，省人大、政协、纪委等20多个省直单位在"赣鄱云"设有政务分端，与民众沟通非常方便。

2018 年 1 月，江西省委 1 号文件把加快"赣鄱云"在全省的建设纳入省委常委会当年工作要点。在省委的重视和推动下，"赣鄱云"快速向市县推进，截至 2019 年 5 月，赣鄱云在江西共建成市县级融媒体中央厨房 70 个。① 新疆克孜勒苏州党委宣传部在考察了"赣鄱云"后，与江西日报社签署合作协议共建媒体融合中央厨房"克州云"。2018 年 5 月，克州融媒体中央厨房（克州云）基本建成，实现了克州"报、视、网、端、微"五位一体的全媒体融合。

按照设计，赣鄱云可支持 500 个站点中央厨房同时运行，5000 个传播终端在线传播，具备了一张网管理、多平台展示、中央厨房生产、移动采编四大特点，可以将江西省市县三级媒体平台汇聚到一个云上。

"赣鄱云"市县分厨房建设，第一年建设费用 70 万元，以后每年运营维护费用 35 万元，一般签 3 年服务合同。② 对于江西日报来说，这是一个技术推广应用、众多资源汇聚于一云的好事；对于地市传统媒体、县级融媒体中心来说，既获得了技术支持又节省了资金（自建中央厨房，投资要大得多）；对于省主管部门来说，全省"一张网"、一个云，便于管理。赣鄱云的建设与推广，可以说多方得利，双赢多赢。

跟其他媒体一样，江西日报的微博、微信公众号及在今日头条、抖音等第三方平台的移动传播也做得相当不错，但最具特色的是赣鄱云的建设与中央厨房的推广。

2. 一批省级媒体集团移动化转型路径

江西日报社的移动化转型路径，有以下几个特点：（1）拥有一个具备多种功能的中央厨房，集采访调度、全媒体编辑审核、一键发布至多终端、传播效果与舆情分析于一身；（2）具备良好的对外

---

① 此处为江西日报社给本书作者提供的数据。
② 数据来自本书作者在江西日报社的实地调研，2018 年 9 月。

延展功能，可以为其他媒体和机构提供建设中央厨房等服务；（3）省委重视，并将其作为融媒体发展战略予以推广；（4）具备向生活服务、政务服务的拓展能力。

部分省级媒体实施了与江西日报类似的移动化转型路径。湖南日报报业集团在新湖南新闻客户端底层技术平台基础上，利用云计算、大数据技术研发省域生态级媒体融合平台——新湖南云平台。云平台的发展战略是"3 + 2 + N"。"3"是指全省新媒体产品生产汇聚平台、全省媒体融合云平台、全省新媒体管理平台；"2"是指"智慧湖南"的超级入口、"世界看湖南"的超级入口；"N"是指建设和支撑省市县三级党政机关、群团组织、新闻媒体、公共服务部门、高校和企事业单位的 N 个新媒体产品。

新湖南云平台积极推行"新闻 + 政务 + 服务"。政务方面，以新湖南移动客户端为统一入口，为湖南各厅局、市州、区县建客户端，满足新媒体时代区县辖区干部群众了解政府的决策部署的刚性需求。服务方面，新湖南开展了部分政务服务，如结婚登记网上预约等；开展了生活服务，如寻亲求助、公积金查询，还有电商。这些服务既能增加用户数量，增强用户黏性，还能获得部分经济收入。截至 2019 年 5 月，新湖南云已为地市（州）、区县及省直部门（包括高校）建起客户端 40 个。这些客户端分基础版、增强版和高级版，版别不同，功能有异，数据量级亦不同，收费从十几万到 50 万不等。[①]

湖北广播电视台于 2015 年 7 月启动长江云平台项目。长江云也是一个技术集约型的云平台，它可以支撑多客户端运行，还可运营"两微"等。通常，单独做一个新闻客户端需要 3—6 个月，而长江云生成一个新闻客户端只要 15 分钟，而且 iOS 和安卓同时推出。依托长江云，湖北广电为地市（州）、区县及省直部门提供建设客户端的服务，用户运维客户端简单到如同"拎包入住"。湖北

---

① 新湖南云于 2019 年 6 月给本书作者提供的数据。

省委常委会 2016 年 2 月曾研究决定，统筹全省政务信息数据资源，举全省之力建设"覆盖全省、功能完备、互联互通、运行通畅"的长江云移动政务新媒体平台，长江云平台从媒体云向政务云战略性迭代，迅速形成面向全省的"新闻＋政务＋服务"综合性移动新媒体平台。截至 2019 年 5 月，长江云已为地市（州）、区县及省直部门建设客户端 120 个。规模化建设大大减少了客户端建设成本，也降低了运营成本。地市（州）客户端每年交运营费用 28 万元，县区客户端 15 万元。[①]

2018 年 8 月，习近平总书记在中央宣传思想工作会议上强调："要扎实抓好县级融媒体中心建设，更好引导群众、服务群众。"各地县级融媒体中心建设速度大大加快。目前，县级融媒体中心建设主要有三种形式：合作共建、独立建设和平台共享。除少数实力雄厚的县（区）独立建设外，绝大多数县的合作共建、平台共享是与省级媒体的云平台共建共享的。2017 年 2 月才上线的"广西云"融媒体生态系统，在这一波县级融媒体建设大潮中，合作共建的任务相当重，到 2019 年 6 月，广西云已进入设计、建设、招投标的县级融媒体中心达 30 家。[②] 这些省级媒体云平台，实际上与江西日报社赣鄱云、湖南日报社新湖南云、湖北广电长江云走的是相同相似的移动化转型路径。

3. 这是一种以技术服务为先导的移动化转型路径，未来发展取决于媒体自身转型和云平台的规模

（1）技术平台的相对成熟是这一路径顺利起步的关键

无论江西日报社的赣鄱云、湖北广电的长江云、湖南日报社的新湖南云，还是各省省级媒体后来建设起来的移动云平台，其融媒体技术在当地行政区域都是相对先进的，一般包括融媒体编辑审核系统、多端一键发布、采访调度、视频直播、传播效果评估等成熟

①　长江云于 2019 年 6 月为本书作者提供的数据。
②　广西云负责人、广西日报新媒体中心主任宋春风于 2019 年 6 月为本书作者提供的数据。

功能，这些都是县级融媒体中心急需的技术。地市（州）传统媒体的移动化转型、县级融媒体中心的建设，自建一套系统既需要大笔资金，又缺人才，它们一般是寻求合作，而省级媒体正好有这样的技术平台，是比较理想的合作者。

这对省级媒体来说，向地市、区县提供技术服务，无疑是一次好机会。中央媒体虽然技术力量更强，但其推广触角很难延伸到市县，而且全国市县媒体的需求量那么大，中央媒体响应不过来。省级媒体如果建成了移动平台，从技术水平和响应能力上都能满足本省区域内的需要。这既能获得一定的技术收入，又能将兄弟媒体、县级融媒体中心的信息、数据汇聚于自己的移动平台，这是一举两得的事。省级媒体的移动平台都很乐意做这样的事。

（2）党委和政府的支持使推广工作进展顺利

赣鄱云、新湖南云、长江云技术服务的快速扩展，很重要的原因是省委的重视，省委宣传部大力推进，并给予市县媒体融合一定的资金支持，这是政策红利。在县级融媒体中心建设过程中，各省的移动云平台迅速建成并为县级融媒体中心建设提供技术支持，这也是行政推动使然。对于地方党委和政府来说，推动媒体融合，是中央的要求，是任务，也是地方工作的需要。对于县（区）政府来说，建设县级融媒体中心既是上级布置的任务，也是工作的需要，因为有资金支持，有技术提供方，所以建设速度相当快。在移动传播的浪潮中，地市（州）的传统媒体处境比较艰难，也很尴尬，发行量在下降、广告收入在减少，但宣传任务要完成，传统端不能停，新媒体端又需要做，而且建设中央厨房、开发客户端，一般得媒体自己掏钱。尽管如此，一些地市（州）传统媒体还是克服困难，完全依靠自身力量建平台或者与省级媒体合作，努力推进移动传播。

一批省级媒体利用自有的移动传播平台，积极为市县媒体转型或县级融媒体中心建设提供技术服务，使自有移动传播平台规模扩大、技术实力增强，从而形成了以技术服务为先导的传统媒体移动化转型路径。这实际是在展现一种可能：未来将形成区域融媒体中心，进而汇聚成区域大数据中心或者区域数字服务枢纽，甚至最终成为智慧城市的重要组成部分。

（3）技术服务门槛低，竞争激烈，技术服务收入不高

应该说，现在省级媒体移动平台提供的采编发系统、传播效果及舆情服务、移动端直播服务，技术的含金量并不高，是已经成熟的技术，建成一个中央厨房云平台、一个新闻客户端生成发布系统，总投资不算高，建成时间也不太长。目前，在省域内一般有多家媒体和网络技术公司在承接地市媒体移动平台、县级融媒体中心建设。在江西省，除江西日报社"赣鄱云"外，江西广播电视台的"赣云"也在提供相关技术服务，省会城市南昌已自建移动云平台，打算将市属县区融媒体中心收归旗下。在湖南省，除湖南日报社"新湖南云"外，省重点新闻网站红网也推出了类似的云平台服务。在湖北省，除湖北广电的"长江云"外，湖北日报报业集团、长江日报报业集团都能提供相关技术服务。

因为技术门槛较低，竞争比较激烈，技术服务的收费就不可能高。从湖北、湖南、江西的情况看，年运维费仅二三十万元，技术服务用户发展至100家，年收入也仅为二三千万元。这样的收入规模，只能解决吃饭问题，维持移动云平台运营，难以积累资金不断为云平台升级迭代。部分移动云平台有一些政务、生活服务收入，但都比较少。看来，仅仅依靠这一层面的技术服务，不足以解决传统媒体的移动化转型所需的资金问题。

（4）移动化转型能否成功，既取决于母媒体、媒体集团的移动化转型，也取决于云平台能否做得足够强大

从为地市媒体、县级融媒体中心提供技术服务的赣鄱云、长江云、新湖南云的情况看，它们首先是为自己的母媒体江西日报及其子媒体、湖北广电及其子媒体、湖南日报及其子媒体提供移动传播的技术支持，然后才为地市（州）传统媒体、县区融媒体中心提供技术服务。从我们掌握的材料看（人民网2016年、2017年、2018

年发布的媒体融合传播指数报告，艾媒咨询和易观智库向本书作者提供的媒体客户端月度活跃用户数据），这些省级媒体客户端活跃用户数还不高，微博、微信运营成绩也不太突出，除技术服务收入外，新媒体广告收入还比较低，媒体和媒体集团采编人员布局、工作重心、经济收入来源主要还是在传统端，传统媒体移动化转型的任务还相当艰巨。

从目前情况看，这些省级移动云平台对省级媒体及媒体集团的移动化转型，具有一定的先导性和带动作用。未来，能否更好地引领、带动省级媒体及媒体集团完成移动化转型，既取决于云平台的发展——能否为更多地市媒体、县级融媒体中心以及政府部门提供技术服务，将各方信息、数据汇聚到云平台上，让平台具有高可用性，聚集大量活跃用户，吸引广告商及其他合作客户；也取决于省级媒体及媒体集团的深化改革、移动化转型措施是否有效，体制机制改革调整能否跟上，采编人员配置、传播内容、经营收入等能否实质性转向移动端。这两方面是相互联系、相互影响的，任何一方面做得足够好，都可带动另一方面较快发展，从而使这个云平台真正成为区域的融媒体中心、数据服务中心。

路径四：行政整合报纸、广播、电视，以集团化方式进行媒体融合、移动化转型

传统媒体时代，各行政区域都有党报、电台、电视台及其他报纸，这些媒体，媒介形态不同、定位有别，它们报道事实、传播新闻、引导民众，既有竞争也有合作。新媒体时代，各传统媒体都在发展新媒体，争夺移动端，而新媒体是融媒体，原来的媒介区隔被打破，谁都可以做视频、音频、图文报道，传统媒体间的竞争加剧了，还要与自媒体、商业媒体竞争。在这种情况下，部分地区党委政府利用行政手段，将区域内的报纸、广播、电视甚至部分文化单位整合到一起，成立集团，以期消除内耗，通过

抱团方式推进媒体整合，进行移动化转型，以先做大再做强的方式占领舆论阵地。

1. 案例：天津整合报纸、广播、电视，成立海河传媒中心

2018 年 4 月，中共天津市委审议通过《天津海河传媒中心组建方案》。11 月，由天津日报社（天津日报报业集团）、今晚报社（今晚传媒集团）、天津广播电视台整合而成的天津海河传媒中心正式宣布成立。此前成立的天津津云新媒体集团为海河传媒中心的子公司。

天津日报报业集团成立于 2002 年，以《天津日报》为龙头，由《每日新报》《城市快报》《假日 100 天》《采风报》《球迷报》（已休刊）和《车天下》《新广角》《蓝盾》、天津网等媒体组成。

今晚传媒集团于 2001 年成立，由《今晚报》《渤海早报》《中老年时报》等五报三刊一网（今晚网）组成。

天津广播电视台的前身是天津广播电视传媒集团，于 2011 年由天津人民广播电台、天津电视台合并而成。

天津津云新媒体集团的前身是北方网，设立于 2000 年，由天津人民广播电台、天津电视台、天津有线电视台、天津广播电视报社、天津市对外文化交流协会、天津日报社和今晚报社共同发起。2018 年 1 月，根据天津市委 2017 年 14 号文整合全市新媒体资源的要求，将天津日报社、今晚报社、天津广播电视台的新媒体部门整合到北方网，成立天津津云新媒体集团。

至此，天津市政府管辖的所有传统媒体及其新媒体全部归于一家。不再保留天津日报社、今晚报社、天津广播电视台三家新闻单位，它们分别成为海河传媒中心的事业部，即天津日报事业部、今晚报事业部、广播电视事业部。原有的天津网、今晚网、今晚海外网、天视网、天津广播网五个新闻网站停止更新，原有的"新闻117""前沿""问津"三个新闻客户端也停止更新，推出统一品牌"津云"新闻客户端。各媒体原来开设的 300 多个微博、微信公众号，经过甄别裁撤，由天津津云新媒体集团统一运营、管理。

2. 一种行政区域内传统媒体整合的路径

天津市将所有新闻单位整合到一起，成立集团，从整体上布局媒体移动化转型，这一路径有以下几个特点：（1）行政推动，市委研究、发文，宣传部指导、推动；（2）各新闻单位主体不复存在，法人资格取消，成为新集团的事业部，不再具有独立法人身份；（3）新媒体整合与传统媒体整合一并考虑，新媒体属于集团的一部分，停止更新一批 PC 网站和客户端，以津云中央厨房为依托，以津云客户端为总平台、总集成，实现全市"一云一端"（津云、津云客户端）。

我国的传统媒体既按行业分布又按区域分布，一个行政区域一般有党报、电台、电视台三大家。这三家媒体，行政级别相同或接近，不可能通过经济手段兼并重组，其整合、合并只能依靠行政手段。此前，省（直辖市、自治区）报业集团成立，广播电台与电视台的合并，都是行政推动的。不过，将省（直辖市、自治区）辖区域内全部媒体整合成一个集团，全部传统媒体、新媒体统到一起，天津是第一家。

除天津外，作为计划单列市的大连、作为宁夏回族自治区首府的银川市，也都将所有管辖媒体统到一起，与天津走的是相同的移动化转型之路。

2018 年 8 月，大连报业集团、大连广播电视台整合成立大连新闻传媒集团。大连报业集团于 2011 年成立，由大连日报、大连晚报、新商报、大连法制报、东北之窗、海燕杂志及大连出版社等合并而成。大连广播电视台于 2010 年 10 月挂牌成立，它整合了大连人民广播电台、大连电视台及大连广电局所属 14 家企事业单位，涉及有线网络、文化产业、影视剧生产、印刷出版、新媒体、电视购物等业务。大连新闻传媒集团实际上是大连行政区域范围内所有传统媒体及部分文化事业单位的整合，是全域媒体的大整合。

2016 年 4 月，银川市整合银川日报社、银川广播电视台，成立银川新闻传媒集团。12 月 26 日，银川新闻传媒集团正式揭牌。至此，银川市体制内的报纸、广播、电视、网站、新媒体全都整合成为一家。从2017年开始，银川新闻传媒集团调整传播结构，再造采编发流程，将报纸、广播、电视、网站、新媒体统一进"中央厨房"，实行全媒体策划与全媒体采编联动，同时进行了内设机构重置，实行人员总量控制管理，行政后勤人员减少25%，中层干部减少1/3，增设了首席编辑、首席记者、首席播音员。

从2018年开始在全国推广的县级融媒体中心建设，将县报、县广播站（台）、县电视台、县网站、县政府的微博账号及微信公众号等整合到一起，统一管理，统一指挥调度，走的也是与天津、大连、银川相似的路径，所不同的是它们都是区县范围，人员少、规模小，整合较为容易。

3. 一种高效、彻底的媒体机构整合，但真正"融"到一起尚需时日

（1）这是一种迅速、彻底的整合方式

用行政手段，以"快刀斩乱麻"的方式将报纸、广播、电视等媒体及一些文化单位整合成一个传播实体，在几个月、一年内"搞定"。这样快的速度，如果靠经济手段进行兼并、重组，是很难做到的。

天津、大连、银川市体制内的所有媒体，无论传统媒体还是网络媒体都合而为一，成为一个实体，大连甚至将部分文化出版单位也整合进去，这样完全彻底的整合是很有气魄的，为未来的发展打下了基础，消除了可能出现的内耗，有利于团结，便于一致对外（与商业网站和自媒体竞争）。

（2）整合不是融合，更不是转型，但为融合、转型打下了基础

整合是媒体机构外在的"合"，是众多媒体机构合而为一。整合成为一家机构后，报纸还出报纸，广播还是播音，电视仍做视频，虽然原来不同媒介的新媒体合到一起了，但这还不是真正的融合。媒体融合，字面意义是不同媒介形态融到一起，实际上是要求传统媒体更多地发展新媒体、逐步转向新媒体。移动化转型呢？是

指传统媒体转向依靠移动渠道进行传播、在移动传播中获得生存与发展。因此，几个城市的媒体机构整合，还不是媒体融合，不是移动化转型，但是为媒体融合、为移动化转型打下了很好的基础。

天津日报社、今晚报社、每日新报社、城市快报社从事新媒体业务的员工签约津云新媒体集团，事业编制职工将身份冻结在日报社、晚报社，跟企业编制职工一起与津云新媒体集团重新签订劳动合同。全集团员工身份一致，使用同一套薪酬考评体系。传统媒体和新媒体采编人员混编成不同的部门、小组，从图片、文字、视频的采集到新工具、新技术的应用，从前期策划到后期制作，互通有无，取长补短。为了促进人员间的了解和交流，津云新媒体集团还与天津日报事业部和广播电视事业部的电视新闻中心开展编辑人员的互派实习。津云中央厨房将天津日报、今晚报和天津广播电视事业部的采编力量统筹设计到生产流程当中，策采编发协同作战，采编资源、新闻产品双向共享，媒体间建立起有效的信源补偿和稿费激励机制。传统媒体和新媒体的记者编辑、融媒体工作室制作人员、互动用户等各方面的生产要素都以津云中央厨房为平台串联整合，形成了策采编发统分有序的工作格局。

上述措施，是机构整合之后在人员、生产流程上的融合，是良好的开端。未来更艰巨的任务是：原来各自独立，现在相对独立的报纸、广播、电视如何展开有实际意义的融合？整个传媒集团的重心如何向移动端转移，天津海河传媒中心、大连新闻传媒集团、银川新闻传媒集团的内设机构、各类媒介怎样深入融合，怎样逐步成为以移动传播为主的新型主流媒体？这是整合之后更为重要的任务，是更具实质意义的融合。

（3）品牌是存续还是另创？这是整合后需要直面的问题

几家大媒体、几十家中小媒体整合成一个巨大的传媒实体，不仅传统媒体各有品牌，在新媒体端也有创办多年的品牌，这些品牌都有一批忠实用户。机构整合之后，新媒体端的品牌如何处理？是继续沿用多个品牌，还是全部停用后改创新的品牌？或者归并到其中一个品牌？这是行政主导整合后必须面对的问题。

如果全部保留传统媒体原有的新媒体品牌，则达不到整合的目的，不能集中力量发展新媒体，这种做法显然不可取。只保留其中一个品牌，其他都停掉？那么保留谁、停掉谁？如果原有的新媒体品牌中有一个特别强、在各方面遥遥领先的品牌，这倒好办，强大的品牌保留。但是，如果几个品牌都差不多，差距不大，留谁去谁，就不好定夺了。天津停止更新天津网、今晚网等五家 PC 端的新闻网站，集中力量办好北方网，这一举措似乎没有带来不好的影响，但停止更新"新闻117""前沿""问津"三个新闻客户端，推出新品牌"津云"新闻客户端，效果并不理想。从艾媒咨询提供的从 2016 年 1 月到 2019 年 3 月的新闻 App 活跃用户统计数据来看，"新闻117""前沿""问津"三个新闻客户端在停止更新后一段时间仍有少量月度活跃用户，而"津云"新闻客户端在三个新闻客户端停止更新，整个集团只做"津云"一个新闻客户端的情况下，下载量虽大幅增加，但月活跃用户数还是相当少的。①

品牌有"五度"：知名度、认知度、信任度、美誉度、忠诚度。存续原有优质品牌，可以稳定原有用户，省去"创牌子"的艰辛和节约成本。创立新品牌，可减少扯皮，新面孔，新征程，一切重新开始，但是，新品牌要积累用户，得到用户认可，在用户中拥有认知度、信任度、美誉度、忠诚度，需要投入大量人力物力进行推广。天津停掉三个有一定用户量的客户端，推出全新的津云客户端，目前看还没有达到 1 + 1 + 1 > 3 的效果，下一步在做好内容的同时，要加大宣传推广力度，使其成为天津人人知晓、人人喜欢使用的新闻客户端。

整合成立媒体集团后，无论保留原来的新媒体品牌还是创立新品牌，都需要投入更多人力物力，遵循移动媒体的规律，把新媒体的传播力、影响力、引导力做得越来越强，因为这些新媒体品牌是

---

① 来自本书作者艾媒咨询、易观智库购买的新闻客户端下载量及月活跃用户数。

媒体集团移动化转型的重要依托。不做大做强移动端，整合成立媒体集团就没有意义。

四种转型路径尚难分优劣，
适合自身特点有利于发展就好

路，是走出来的。传统媒体移动化转型，从传统端生存发展转向依托于移动端生存发展，不仅没有现成的路可走，而且前途"荆棘"丛生——在移动端已经有一批如今日头条那样影响巨大的原生态媒体，加上自媒体、社交媒体还在不断生长——传统媒体只能在夹缝中寻找前行之路。如何在没有路的地方踏出路来？前述四种路径是我国传统媒体在艰难中踩踏出来的，是摸索前行的记载与初步成果。

1. 四种"路径"只是粗略划分，无法精准划定

传统媒体在探索移动化转型时，没有可资借鉴的经验，全是"摸着石头过河"，走一步看一步，效果好就继续向前，效果不好就调整，边试边走。在转型过程中，媒体互有学习借鉴，但就媒体自身来说，它们并未明确自己走的是什么"路径"。四种路径，都是我们在调研基础上经过对比分析归纳出来的，是一种粗略的、大体上的划分。总体上说，四种路径各不相同，但具体措施、方法有交叉，实施不同路径的传统媒体，一些具体操作方法可能是相同相似的，而实施同一路径的传统媒体，在具体做法上也是不尽相同的，甚至有较大的差异。

同样走依托媒体原有品牌全面推进移动传播之路，人民日报社从母媒体到子媒体在移动端基本都是沿用原有媒体品牌，一些媒体则在移动端推出新品牌，如新华日报的新闻客户端叫"交汇点新闻"，南京日报的叫"紫金山"，等等。人民网早于人民日报推出新闻客户端——人民新闻，2014年6月人民日报社全新推出新闻客户端之时（之所以称"全新推出"，因为此前人民日报有客户端，

但客户端中只有当天报纸发表的内容，没有即时新闻），人民网停止更新原有新闻客户端，以自有技术、经验及资源协助人民日报社办好新闻客户端。人民日报社、人民网集中精力办好"人民日报"这个新闻客户端，而中央电视台则有好几个客户端，仅新闻客户端至少有两个："央视新闻"和"央视新闻＋"。同样走以技术服务为先导带动媒体转型的路径，江西日报主要是为市县媒体搭建中央厨房，湖北广电的长江云则为市县媒体建客户端。所以，四种路径的划分，主要是在大的方面、在模式上的区别。

2. 四种转型路径，目前难以评判优劣难易，适合自身发展就是好的

这四种路径，很难说哪一种路径更具优势，哪一种路径更便捷，关键还是看路径的选择是否适合媒体自身发展。传统媒体的移动化转型正在进行，无论哪种路径都还不能说已完全成型，调整、完善在所难免。未来，会不会有媒体转换转型路径？这也难说。北京广播电视台2016年4月与北京市文资办共同出资组建北京新媒体集团，北京新媒体集团与奇虎360在资本层面进行深度合作，合资成立"北京时间股份有限公司"，推出了"北京时间"客户端。但"牵手"三年后，360公司完全退出了，所持60%股份退回给北京新媒体集团。北京广播电视台的移动化转型，本来要走一条借助第三方资金与技术的发展之路，如今合作方退出，其只好依靠自身力量探索前行。

传统媒体的移动化转型之路，要自己去走，更要按照自身资源、禀赋走适合自身发展之路。

第五章

传统媒体移动化转型"双因子"分析

在进行本书的桌面研究和实际调研中，我们发现，媒体人在介绍移动传播、移动化转型时，经常说到下载量、粉丝量、阅读（浏览）量，较少谈到新媒体特别是移动端的经营收入。这引起了我们的思考：传统媒体进行移动传播，实施移动化转型，需要持续地投入资金，需要不断"烧钱"。钱从哪来？初期，移动化转型的资金可能来自传统媒体的积累、传统端的收入、财政资金或某些基金的支持，但是，这些资金都具有"临时性"，在媒体传统端收入（广告、发行收入等）持续减少的背景下，移动化转型的资金应该来自新的端口、新的渠道。换言之，移动端应该创收，移动传播应该能够获得经济收入以支持传播活动的持续开展，即要能以移动传播养移动传播。由此我们发现，影响媒体移动化转型的因素有很多，归结起来实际上是两大因素，即传播力因素和经营力因素，我们称之为"双因子"。

一 传统媒体移动化转型的"双因子"

因子是影响因素的简称。影响传统媒体移动化转型的因素很多，有内容因素、渠道因素、人员因素（媒体领导人、新媒体采编人员等）、技术因素、机制与体制因素、资源因素（财力、内外资源）等。这些因素，从对移动化转型所产生的作用方向来说，可分为两类：一类是直接对媒体传播力产生影响的，即传播力因子；另一类是直接对媒体经营收入产生影响的，即经营力因子。

1. 传播力因子

（1）什么是传播力因子

在国内传播学界，最早提出"传播力"概念的是清华大学的刘建明教授，他认为"传播力是媒介传播力的简称，指媒介的实力及其搜集信息、报道新闻、对社会产生影响的能力"[1]。从那之后，国内传播学界对于"传播力"的研究，大致形成了四种观点：能力说、效果说、力量说和综合说。

"能力说"认为，对于大众传媒而言，传播力是其本质职能的彰显，是一种能力，一种到达受众、影响社会、充分发挥大众传媒社会功能的能力。[2] 强月新在对传播力、影响力、公信力的内涵和关系进行分析时指出，传播力是媒体对新闻事件进行建构和传播的能力。传播力主要与主流媒体的机构效能、内容品质和渠道畅通度有关。[3]

持"力量说"这一观点的学者认为，传播力是一种实力。信息时代三部曲的作者曼纽尔·卡斯特（Manuel Castells）指出，随着传播技术革命的推进，大众传媒已成为政治经济力量角逐的场域，力量掌握在那些理解并能够控制传播的人手中。[4] 在国内，郭明全在《传播力》一书中所论及的传播力，也是从力量的角度入手进行论述的。

"效果说"的核心观点是，媒体传播力的本质是媒体的有效传播，考察媒体传播力，应考察媒体的传播效果。传播效果指传播行

---

[1]　刘建明：《当代新闻学原理》，清华大学出版社 2003 年版，第 40 页。

[2]　张春华：《传播力：一个概念的界定与解析》，《求索》2011 年第 11 期。

[3]　强月新、刘莲莲：《对主流媒体传播力公信力影响力关系的思考》，《新闻战线》2015 年第 5 期。

[4]　强月新、刘莲莲：《对主流媒体传播力公信力影响力关系的思考》，《新闻战线》2015 年第 5 期。

为带来的一切影响和作用的总和，可以在现实中转为说服和影响的力量，因此可以把传播效果称为传播力。[①]

"综合说"则将以上几种论述综合在一起，认为"传播力就是一个媒体的传播能力与传播效果"。早在 2004 年，孟锦对于"传播力"概念的阐释就是一种综合说，他认为媒介传播信息的能力和效力，既是一个国家政府和民间拥有的传播力量的总和，也是国家在国内和国际范围内进行信息交流和意见传递的能力和效力；它的致效因素包括：信息覆盖的广度和深度，信息打击的精度和力度，信息传播的速度、密度和强度。[②]

仔细分析能力说、效果说、力量说、综合说这几种说法，可以发现学者们对传播力的解释没有根本性的区别，都将信息传递（传播、传送）的能力和效果归于传播力。因此，我们认为，传播力因子是决定媒体传播力之各因素的总和，而传播力是媒体及媒体平台所传播信息、观点抵达用户，进而影响用户、影响社会的能力。传播力首先是传播内容能够抵达用户，让用户可以轻松便捷地获取、接触、阅读、浏览，这与信息采集、发布、传送的能力有关，与渠道的畅通，与平台知晓度、影响力、美誉度等有关。但是，传播内容仅仅抵达用户，不一定能影响用户、影响社会，所以传播力更多地体现在所传播的内容被用户接受、认可、称赞、肯定，影响用户的认知与行为并通过用户影响社会的能力上。用户自发进行的二次传播，特别是带有认可、肯定、称赞情绪和言语的二次传播，是信息内容具有强大传播力的突出表现。媒体及媒体平台所传播内容抵达的用户愈多，接受、认可、肯定、称赞的用户愈多，给予正面评论、带认可情绪转发的用户愈多，媒体及平台的传播力愈强。

（2）传播力因子的构成

传播力因子决定媒体传播力的强弱。传统媒体的传播力因子寓

---

① 张春华：《重构关系：媒介融合背景下传播力提升的核心路径》，《新闻战线》2018 年第 13 期。

② 孟锦：《舆论战与媒介传播力关系探微》，《军事记者》2004 年第 10 期。

于新闻信息采集、编辑加工、传播的各个环节，独家新闻、深度报道、振聋发聩的评论，名记者、名主持人，栏目策划、版面编排等等，都影响传播力，都是传播力因子的构成部分，媒体长期累积形成的权威性、美誉度、公信力等等，也是传播力因子的重要组成部分。

信息内容的质量与编辑加工的方式方法始终是传播力的构成要素之一，不过移动传播是与传统传播极不相同的信息传递，简单地将传统媒体刊载的信息内容迁移到移动端，常常达不到应有的传播效果。因为渠道变了、平台变了、用户接收信息的场景和习惯变了，新闻信息的编辑处置方式方法必须适应移动场景的变化与用户之习惯。

技术在移动传播中的重要性不言而喻，已成为传播力因子的重要组成部分。大到移动平台、系统、渠道技术的先进性，小到下载速度、页面的亲和力、转发的便捷度等，还有技术的创新性、易用度、人性化程度，等等，都对传播力产生影响。

新的网络传播方式——互动传播、粉丝传播、网红传播、算法、智能分发……对移动传播力的影响也不可低估。

当然，媒体的知名度、美誉度、权威性、公信力能够对传播力产生持续的影响。

下载量与传播力有关系，但关系很微弱。有的下载是设备预装的，有的下载是推广带来的，有的用户下载后从未启动过。从艾媒咨询提供给本书作者的新闻客户端下载用户数与月活跃用户数统计资料来看（包括今日头条、腾讯新闻等9个商业新闻客户端和人民日报、新华社等25个传统媒体新闻客户端，时间跨度为39个月，从2016年1月至2019年3月），月活跃用户数一般只有下载量的2%—5%，有的更低到1%以下。粉丝数与传播力有关系，一般来说粉丝量大阅读数会高，但也不尽然，同样的粉丝量，不同的文章内容阅读量会不同甚至大不相同。下载量、粉丝数，仅仅是潜在用户数罢了。真正能体现传播力的具体指标是活跃用户数（月活、日活）、阅读（浏览量）及评论量、转发量、点赞数等等。

网络用户接收信息的附带行为如评论、转发、点赞、收藏等，是体现媒体传播力的有效指标。

尽管网络传播可以准确统计出个体用户网络行为，用户的各种网络行为都可通过软件统计，进行大数据分析，但是基于以下原因，网络媒体的传播力仍难以全面、精确统计：（1）用户留言、评论不能也不会全部放出来，一些留言、评论被隐藏；（2）存在利用软件发布网民留言、评论的情况；（3）语义分析技术、大数据技术仍在发展之中，尚不能对用户情绪进行全面、准确的分析。因此，目前对媒体传播力的统计分析只能相对精确、大体准确，不过相对于传统媒体时代而言，那是准确得多了！

2. 经营力因子

（1）什么是经营力因子

经营力指媒体的营收能力，是媒体开展营销活动、创造经营收入特别是利润的能力。经营力因子是决定媒体营收能力各因素的总和。传统媒体时代，媒体营收主要是广告收入、订阅收入等，部分媒体的投资（房地产等）收入、举办活动（会展、会议论坛等）收入也相当可观。与传统媒体相比，新媒体的收入来源更为广泛。媒体营收可分为线上、线下营收。线上营收包括 PC 端和移动端，包括广告收入和非广告收入；线下营收有广告（传统媒体刊播广告及路牌、楼宇广告等）、投资（直接投资、股权投资）、会展、活动等等。

传统媒体最主要的盈利模式是：做强做精新闻信息与评论等，赢得广大受众，形成优质品牌，获得大量广告，即内容—受众—广告。"内容为王"因此成为铁律。把内容做好了，发行量、收视收听率高了，广告商不招自来。内容是传统媒体最强的营收因子。

新媒体时代，虽然"眼球经济"仍在发挥作用——活跃用户量大的传播渠道、媒体平台，广告投放肯定多，但是，影响营收能力的因素更多了。从渠道看，客户端、微博、微信公众号、第三方聚合平台都可带来收入；从收入类型看，除广告外，还有技术服务收入、版权销售收入、新媒体产品及运营收入等等。为企事业单位甚至政府部门制作具有广告宣传性质的 H5、短视频、VR/AR 片、微电影等，帮助他们运营各类新媒体账号，都可带来收入。优良的产品内容、亲和力强的页面设计、深受网民喜爱的小软件或者小游戏、现象级的新媒体产品等等，这些虽不能直接产生经济收入，但能够直接提升传播力、影响力，从而间接提高经营力。这一类行为，也应视为经营力因子。所有这些对媒体经营力产生直接影响或间接影响的因素，都是媒体经营力因子的构成部分。

（2）传统端经营能力与非传统端经营能力

媒体的经营收入又可分为传统端收入和非传统端收入。传统端经营收入指传统媒体原有媒体平台（报纸杂志版面、广播频率、电视频道）带来的经济收入；非传统端经营收入则指原有媒体平台之外的经营收入，它包括移动端营收和既非移动端又非传统端的营收。对于传统媒体的移动化转型来说，区别传统端收入与非传统端收入很有意义，在传统端收入（传统媒体广告、发行等收入）持续大幅下降的情况下，非传统端保持收入增长，这对传统媒体的移动化转型大有帮助。在传统媒体移动化转型过程中，移动端从初创到壮大有一个过程，移动端的营收从无到有，由少到多，也有一个过程甚至是一个漫长的过程。如果仅仅依靠移动端的收入来支持媒体的移动化转型，显然是难以为继的。既非传统端又非移动端的收入，只要合法合规且具有持续增长潜力，都应该支持、肯定。事实上，一些传统媒体也是这样做的。中国青年报在报纸广告持续下降的情况下，开拓会展业务，弥补了广告和报纸发行下降的缺口，保持了总体收入的稳步增长，这对移动化转型是有力支持。

传统媒体的版权意识越来越强，版权销售收入近年来增长较快。媒体的版权作品既有传统端的，也有 PC 端和移动端的，其版权合作一般是打包销售，其收入很难区分传统端和移动端，不过，版权销售收入是媒体新的收入来源，应归于非传统端收入。

　　一些媒体通过做大原有的房地产业务，或者进行股权投资，开拓会展经济等等，增加经济收入，这些增量也应计算为非传统端的收入。

　　移动端的收入，包括广告收入——硬广告、软广告、原生态广告等，为政府部门、企事业单位进行的网络营销活动也应归为广告服务收入；技术服务收入，为其他媒体搭建中央厨房、开发客户端，为客户建设新媒体平台、舆情采集分析系统、大数据中心，制作 VR/AR 作品等等，均属技术服务；新媒体服务收入，包括为客户运营微博、微信公众号等新媒体账号，制作微电影、短视频、H5 等等；生活等方面的服务性收入，一些传统媒体利用媒体的移动传播平台与技术，与教育、医疗、交通等行业合作，从中获得一定的收入。这些都是移动端的营收能力。

　　值得注意的是，这些年，传统媒体的新媒体技术已经得到一定程度的提升，虽然与技术公司、商业网站相比还有差距甚至是较大的差距，但是相对于政府部门、企事业单位来说，技术优势是明显的。因其如此，一些传统媒体通过技术服务、新媒体服务已经获得了一定的收入。江西日报、湖南日报、湖北广电为地市媒体和县级融媒体中心搭建中央厨房、新闻客户端，已经获得了上千万元收入。全国 2000 多个县区正在建立县级融媒体中心，其技术平台建设和维护服务大都由省级媒体的中央厨房、云平台承担，这对省级媒体来说，是一次机会。江苏经济报 2016 年初组建"90VR"团队，搭上了 VR 发展的头班车，不仅能够为客户制作 VR/AR 产品，还能提供 VR 拍摄、分享、编辑等全流程的解决方案，从 VR/AR 拍摄服务者变成 VR/AR 软件、系统集成服务商。温州都市报推出电商"温都猫"，上线产品超过 4500 种，用户数接近 45 万，已经略有盈利。

　　相比于传统媒体和 PC 端，媒体在移动端的经营范围更广，经营方式也更灵活多样，而且随着技术的发展还会出现新的经营方式与手段。如今，在非传统端的经营收入中，移动端占比还较少，随着传统媒体移动传播的进一步发展，移动传播活跃用户的不断增长，移动端经营收入所占比重必定会更多。传统媒体基本完成移动化转型之后，移动端的营收会成为主要收入来源，移动互联网中的主流媒体，经营力因子也会是强大的。

二 "双因子"对传统媒体移动化转型的影响模型

传统媒体的移动化转型是一个渐进的甚至漫长的过程。在这一过程中，传播力和经营力"双因子"一直会对传统媒体的移动化转型产生影响。传播力因子和经营力因子以不同的组合方式，交互地影响着媒体的移动化转型。按双因子的强弱不同，它们的组合将出现三种模型（见图5－1）。

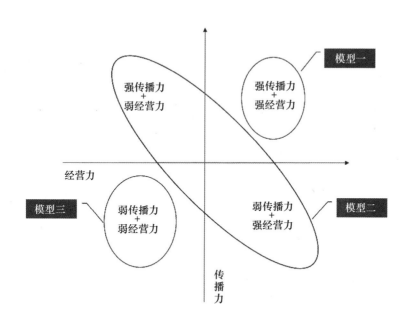

图5－1 "双因子"模型示意

这里，强弱是相对而言的。无论传播力因子还是经营力因子，与几大移动平台巨头相比，传统媒体的双因子都是弱的，甚至是很弱的。传统媒体的移动化转型起步较晚，其移动传播平台的推出则更晚。所以，这里的传播力因子、经营力因子的强弱，是在传统媒体中相比较而言的。

模型一：传播力与经营力因子都强或较强

双因子都强或较强的模型是指两个因子都得到较好的发展，对传统媒体的移动化转型构成了正面影响，它表明移动化转型进入了良性发展轨道。

具体说，传播力因子强或较强，媒体的自主移动传播平台内容丰富，活跃用户量大，权威性强，影响力大。同时，其他传播渠道也运行良好，微博、微信公众号、其他第三方平台的账号（如今日头条、抖音、快手、喜马拉雅等等）粉丝量大，阅读量、评论量、点赞量都高或比较高。其经营力强，突出表现是营收额大、利润高，具体表现则可能是多方面的，自主平台和渠道流量大、黏性高，广告客户看好，渠道营销能力强，多元化经营好，版权收入高，技术服务客户多，等等。传播力因子与经营力因子皆强，构成了"双强"模型。

模型二：传播力与经营力因子一强一弱

这类模型有两种情况：一种是传播力因子强或较强，经营力因子弱或较弱；另一种是经营力因子强或较强，传播力因子弱或较弱。

传播力因子强，原因是多方面的：媒体品牌大、知名度高；移动传播人员能力强，懂移动传播；移动传播技术较为先进，等等。传播力因子强但经营力因子弱，可能与媒体重视内容传播，不太重视经营或者不太会经营有关。只要传播力因子强或较强是真实的，自主移动传播平台活跃用户量大，内容为用户喜爱，采取多种措施强化经营能力，经营力因子就会很快增强。

经营力因子强但传播力因子弱，在这种模型下，营收的主要来源不会是新闻类移动端，其主要收入可能来自线下，可能来自娱乐或其他非新闻类的垂直服务。在这样的模型下，传播力的提升不是短期能做到的，需要持续不断的努力，需要将利润的大部分投入新闻采编及移动传播技术上，需要有实力强大的采编队伍、内容运营团队和技术团队。只要舍得投入，措施得当，经过较长时间，传播力因子就会强起来。

模型三：传播力与经营力因子均弱或较弱

在该模型中，传播力与经营力双因子皆弱。一方面由于媒体品牌影响力小，另一方面受思想观念、经济实力、人员能力、技术水平等方面的限制，移动端内容生产能力不强，没有自建的新闻客户端或自建新闻客户端功能单一、体验较差，导致下载量低、活跃度差，微博账号、微信公众号等发布的文章阅读量、转评赞数量都很少，传播力因子弱或比较弱。

面对传统终端广告收入的急剧下滑，部分传统媒体传统经营模式崩塌，而移动端经营收入少或没有收入，非传统端尚未探索出新的盈利点和经营模式，导致媒体收入下降甚至入不敷出。这是传播力因子与经营力因子都弱的模型，这样的媒体很容易陷于困境。

三　"双因子"决定着传统媒体移动化转型

双因子交互作用，共同影响、决定着传统媒体的移动化转型之快慢、成效之高低。三种不同的"双因子"模型，决定了传统媒体移动化转型的未来前景各不相同。在三种影响模型中，前两种模型均能推动、促进传统媒体的移动化转型，只有第三种模型会对移动化转型不利。

1. 双因子强，移动化转型前景看好

一般而言，传播力因子和经营力因子都强或比较强，说明在转型过程中，传统媒体的移动传播力和经营力都得到了较大提升。这是三种模型中最好的一种模型，它预示着传统媒体的移动化转型将进入良性轨道。

　　传播力因子与经营力因子都强或较强的传统媒体，目前还不多。不过，有一些传统媒体已经展示出这样的态势，前景开始看好，只要不出现大的失误和波折，经过不断努力，就有望完成传统媒体的移动化转型，成为移动互联网中的主流媒体。

　　上海报业集团创办的澎湃新闻已成为全国有较强影响力的原创类时政新闻品牌，从易观智库和艾媒咨询监测的数据来看，澎湃新闻客户端的月活跃用户数已跻身传统媒体新闻客户端第一梯队。界面新闻从无到有，已成为有影响力的财经品牌，界面收购财联社后其客户端在全部财经资讯类客户端中位列第四，界面·财联社在财经新媒体阵营中有了较好的占位，盈利模式得到市场认可。上海报业集团的新媒体用户总数增长较快，在 2018 年度的增长用户总数中，九成左右的新增用户来自移动端。集团的新媒体项目经营收入也在不断提升，实现了新旧媒体的动能转换。到 2018 年底，集团新媒体收入占媒体业务收入的比重首次超过 50%，完成了新媒体与传统报业的第一次"迭代"；新媒体版权业务、财经信息服务、第三方服务等新媒体创新服务收入显著增长，接近新媒体总收入的一半；媒体主营业务收入保持两位数增长，逼近集团营业总收入的一半。① （见图 5—2）。从 2019 年的实际营收来看，新媒体收入占集团媒体主业收入的比重达到 58.39%，超过预期；新媒体创新服务收入成为后起之秀，同比增长 37.81%，增幅高于新媒体广告收入，占集团媒体业务总收入的比重达到 31.68%。②

　　目前，其他传统媒体离传播力因子和经营力因子都强或较强这一双因子模型，都还有一段距离。

---

　　①　裘新：《未来已来，相信未来——创造上海报业改革新传奇》，《传媒》2019 年第 2 期。
　　②　上报集团社长裘新：《以"出圈"勇气"破阵"媒体融合相持阶段》，澎湃新闻搜狐号，https://www.sohu.com/a/376536776_260616，2020 年 2 月 28 日。

图 5 – 2 　 **2014—2019 年上海报业集团媒体业务营收情况**
资料来源：根据上海报业集团公开发布的数据整理。

2. 单一因子强，移动化转型未来可期

传统媒体的移动化转型，需要有较强的传播力因子，也需要有较强的经营力因子。两者都强，当然是理想的状态，可惜现在进入这种状态的传统媒体还很少。另一种模型：双因子一强一弱，传播力因子较强或经营力因子较强，这种状态也是不错的。因为，只要保持稳健发展，较强的因子继续发展，就能将较弱的因子带动起来，逐步变强。具体说，传播力因子强、经营力因子弱的媒体，只要传播力不断增强，内容更优质，活跃用户更多，广告收入必定越来越多；如果经营力因子较强、传播力因子较弱，有了较好的收入，不断加大移动传播的投入，经过努力，传播力肯定也能增强。

比较而言，在传统媒体中人民日报的移动传播力是最强的，其法人微博、微信公众号的传播力、影响力居所有微博、微信公众号的前列；其抖音、快手账号也都有很强的影响力。人民日报客户端的月活跃用户数在传统媒体客户端中位居前列，而且活跃用户数比较稳定，呈持续增长态势；人民日报客户端中的人民直播、人民号自媒体平台发展态势也很好，这有助于客户端平台做强做大。

从传播力因子来说，人民日报是较强的。但是，从经营力因子来看，却并不强。有这么大一个平台，有这么多的活跃用户，一年的广告纯收入才 1 亿元，2018 年的广告收入低于澎湃新闻。人民日报移动平台的双因子，属于一强一弱模型。这种模型还是比较有希望的：一方面继续强化传播力因子；另一方面拓展营收渠道，强化各类营销，特别是提升营销技术与水平，经营力因子会逐步强起来。

湖南电视台的芒果 TV 无疑是传统媒体中移动化转型最成功的，只不过芒果 TV 不是新闻类客户端，是娱乐类的。芒果 TV 客户端的月活跃用户数目前已位列全国综合视频类榜单第四位。年报数据显示，2017 年快乐阳光（芒果 TV 运营主体）营业收入约 33.85 亿元，同比增长 86%；净利润约为 4.89 亿元，同比增长 270%。[①] 2018 年芒果 TV 实现营收 56.11 亿元，其中广告、会员、版权、运营商四大核心业务收入同比增速分别为 82%、114%、35%、56%，实现持续盈利。[②] 芒果 TV 是湖南广播电视台的客户端，湖南广播电视台由湖南人民广播电台和湖南电视台整合而成，有一批下属媒体，但直到目前，湖南广播电视台的移动传播力仍主要体现在娱乐节目上，除芒果 TV 外，湖南卫视官方微博、快乐大本营官方微博粉丝量也均超过千万。但是，湖南广播电视台的新闻政务客户端"芒果云"创办时间不长，影响力尚不够大，其新闻类微博、微信公众号等影响力也不大，可以说湖南广播电视台在移动端的经营力因子相当强，而新闻传播力因子还较弱。这一强能否带动一弱呢？湖南广播电视台如果能加大对芒果云客户端的资金投入，做强内容和技术，让机制活起来，相信其传播力因子会强起来。

河南日报报业集团、重庆日报报业集团面对传统端——报业广

---

① 《去年盈利 4.89 亿元！是什么业务让芒果 TV 实现业绩大翻盘？》，搜狐网，http://www.sohu.com/a/229105207_613537，2018 年 4 月 23 日。

② 《快乐购：18 年底芒果 TV 会员达 1075 万推荐评级》，和讯网，http://stock.hexun.com/2019-03-05/196385486.html，2019 年 3 月 5 日。

告的持续下降，积极拓展非传统端经营业务，获得了较好的营收。河南日报报业集团布局文化地产、金融投资、户外广告、教育、文化物流、酒店等产业，形成了产业多元发展、多极支撑的经济发展新格局，推动了报业集团总体经营平稳增长。2015 年，集团全年实现收入 20.5 亿元，其中多元产业实现收入 13.5 亿元，同比增长32%，占总收入的比重超过 60%；[①] 2017 年，经营收入同比增长18%，利润同比增长 49%，多元产业收入占总收入的比重上升到69%。重庆日报报业集团创新广告经营、加快业务转型，并大力发展文化地产和会展产业，经营形势稳中向好。2017 年，集团经营总收入 17 亿元，同比增长 10%，利润 3.2 亿元，增长 249%，多元产业收入占总收入的 75%。[②]

上述媒体集团的非传统端收入增长较快，不仅弥补了传统端收入的下降，还使总收入保持了一定的增长速度，这也是经营力因子较强的表现。这些媒体移动端的传播力，目前还相对弱些，正如河南日报报业集团总编辑董林坦言："虽然全媒体报道、移动传播在我们的重大报道战役中运用广泛，呈现了很多亮点，但在日常报道中，传统媒体仍然是传播的主要渠道，图文表达仍然占据主体地位。"[③]

无论经营力因子较强、传播力因子较弱，还是传播力因子较强、经营力因子较弱的媒体，强的一项要继续做强，弱的一项要补"短板"，通过各种措施，让强的更强、弱的不再弱。这样的媒体，都有可能进入良性轨道，让双因子都强起来。

3. 双因子皆弱，移动化转型前景堪忧

传播力因子和经营力因子都弱，这是传统媒体在移动化转型中

---

① 郭全中：《传统媒体多元化的实践与特点》，搜狐网，http://www.sohu.com/a/247001294_481352，2018 年 8 月 14 日。

② 《转型新突破，重庆日报报业集团传播力提升 41 倍，多元产业已占总营收 75%》，搜狐网，http://www.sohu.com/a/222260846_654813，2018 年 2 月 11 日。

③ 董林：《加快媒体融合发展步伐　向现代化全媒体集团进军》，《中国记者》2019 年第 3 期。

最糟糕的一种状态，也是最应该避免的。从我们调研的情况和桌面研究了解到的情况看，这样的媒体相对较少。部分省级和地市级媒体的情况是：移动传播力弱或较弱，经营力虽谈不上强或较强，但也不能一概而论说其弱，这些媒体虽然广告收入大降但一般都有多业收入，大体上还能维持运转，只是不能够大量投资新媒体了，新媒体发展比较缓慢。

2018 年底至 2019 年初，人民网研究院对 2018 年全国中央级、省级、省会城市及计划单列市的 284 份报纸，298 个中央级和省级广播频率，34 家中央级和省级电视台的融合传播情况进行考察。数据显示，中央级、省级、省会城市及计划单列市报纸创办的 308 个微博账号的平均阅读量、平均转发量、平均评论量、平均点赞量中位数分别为 1.4 万次、4 次、6 次、6 次（见表 5-1）。七成报纸微博账号的平均转发量不超过 10 次；78% 的账号平均评论量不足 10 条；近六成微博账号平均点赞量不足 10 次。324 个报纸微信公众号的平均阅读量均值为 6900 次，中位数仅为 3268 次。总体上看，广播频率和电视台的微博账号及微信公众号的传播力均不及报纸。

表 5-1　　　　2018 年报纸微博账号传播情况 （N = 308）

	粉丝量（人）	平均阅读量（次）	平均转发量（次）	平均评论量（次）	平均点赞量（次）
最大值	84878311	5605993	8265	1812	8938
最小值	0	27	0	0	0
平均值	4109352	73227	52	25	81
中位数	1236209	14259	3.6	6	6

人民网研究院监测的数据显示，截至 2018 年底，报纸、广播、电视台客户端累计下载量中位数分别仅为 6 万、7 万、28 万[①]（见

---

① 数据来自人民网研究院《2018 中国媒体融合传播指数报告》。

图5-3）。大部分媒体自建客户端下载量小，活跃用户更少。

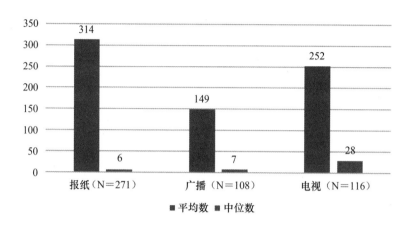

图5-3 2018年传统媒体客户端累计下载量均值、中位数（单位：万）

从艾媒咨询提供的数据来看，2018年7月，19个主要中央级和省级媒体创办的新闻客户端活跃用户数均值为55万，中位数为5.59万，半数以上省级媒体创办的客户端月活跃用户数不足5万，地市级媒体创办的客户端月活跃用户数更少，传播力有限。[①] 面对传统广告模式的崩塌，一些传统媒体特别是地市级媒体尚未找到适合自己的盈利模式，培育新的经济体、发展新项目又需要时间，经营面临困境，新媒体难以发展。如某地市级报业集团自2012年起集团经营收入较2011年无明显增长或时有下降，实际利润持续下滑，2016年集团实际亏损600多万元，2017年由于各项刚性开支增加，亏损1766万元，经营效益下滑带来集团负担沉重，几年来员工收入不增反降。[②]

传播力因子和经营力因子都弱小的媒体，特别是地市级中小媒

---

① 数据来自艾媒咨询提供的2016年1月至2018年7月主要商业新闻客户端和主要媒体新闻客户端数据。

② 中报协调研组：《遏制人才流失潮的台州方案》，微信公众号"传媒融中对"，https：//mp. weixin. qq. com/s? ＿＿ biz ＝ MzU0NzAxOTkwMA％3D％3D&idx ＝ 1&mid ＝ 2247485711&sn ＝ fbdc6f7e1e3a98a0d5638216c5abec66，2018年8月19日。

体或者媒体集团下属的媒体，如果"双弱"状况继续下去且得不到改变，结局很可能是以下几种：一是缩小身躯，依靠财政补贴，维持最低状态运转；二是停掉传统端，在移动端维持运转；三是关闭（停刊休刊）；四是被收购。

媒体格局正在发生变化，这些"双弱"媒体何去何从，尚待观察。

第六章

传统媒体移动化转型的策略研究

经过几年的努力，我国传统媒体移动化转型仍处于早期阶段，绝大多数媒体整体上看仍是传统"身段"，主要采编力量、工作重心、主要收入来源还是在传统端。

传统媒体的移动化转型是媒体一次脱胎换骨的转变，近似于从蛹到蝶的蜕变。转型过程艰难而漫长，移动传播的量变积累到一定程度，机制体制转换、人员的转移达到一定的度，才会出现移动化转型的质变。目前，无论国内国外，传统媒体的移动化转型都还没有成功的范例。基于此，传统媒体的移动化转型需要系统谋划，全面考虑，制定出一整套策略办法，使媒体传播力因子和经营力因子都强起来，才能确保移动化转型在实践、探索中稳步推进。

一　变"脑"——提升认识，转变观念，确立适应移动互联网发展的思维

电视诞生了 90 年，广播诞生了 100 年，现代报纸若从《威尼斯新闻》算起，已有 450 多年。传统媒体在这么长时间的发展中，已形成了比较固定的运行模式，一代又一代的从业者、管理者薪火相传，积累了丰厚的经验，其思维容易形成一定的定式，在传统媒体移动化转型过程中容易以传统媒体的思维处理移动传播，而移动

传播是与传统媒体传播极不相同的传播活动。因此，传统媒体移动化转型，首要的是解决认知、观念问题。要转变观念，提升认识，真正确立移动互联网的思维。

1. 重新认识媒体，弄清移动媒体与传统媒体的根本区别

传统媒体是大众媒体，信息传播模式是中心化分发——媒体采集、收集信息，分发给受众个体。在这个过程中，媒体是信息的采集者、选择者，是信息的汇聚之地，媒体把控着信息传播的总阀门。大众媒体还是舆论的主要载体，是舆论的汇聚地甚至制造者，是舆论的代表者、控制者、引导者。

在大众传播时代，传统媒体是信息传播和舆论场的龙头、中心，处于绝对的垄断地位。媒体掌控着报道什么不报道什么的权力，决定着信息和观点价值的高低、重要或不重要（通过版面和播出安排等来体现）。

网络媒体特别是移动媒体颠覆了传统的传播模式，媒体对新闻传播的垄断被打破，舆论酝酿生成的方式也发生了很大的改变，媒体对信息和观点的价值裁定权也被削弱了。

媒体不再是新闻信息传播的唯一中心。传统媒体时代的中心化传播已经改变，从一个中心变成了多中心或无中心（多中心亦即无中心）。如今，媒体充其量只是传播中心之一，汇聚了巨量自媒体的平台已经成为传播中心，拥有众多粉丝的非媒体机构、网络大 V 也是传播中心之一，甚至成千上万的个体网民也已经成为传播的"小中心"了。显然，媒体对新闻信息的控制力削弱了，对传播渠道的掌控力降低了，影响力自然也小了。

媒体对新闻信息传播的把控程度有所降低。大众传播时代，信息从媒体传递到受众，传播的主要过程已经结束（之后的口口相传已不属于大众传播，而属人际传播了）。媒体对新闻信息传递到哪里，传给什么人，是了解和掌握的。移动传播时代，媒体将信息传递到用户仅仅是传播的开始，用户的转发、多次多级传递是移动传播最为壮阔的景观，媒体对新闻信息传播的广度，将传给哪些人，

是不太了解、不容易掌握的，媒体要做的是尽可能适应用户的需要，让用户更多转发、再传播。

媒体对舆论的控制力有所降低。传统媒体时代，媒体是舆论的代表，它代表舆论、放大舆论、推动舆论、控制舆论的作用明显。移动传播时代，社交媒体成为舆论酝酿、生成的重要场所，一些舆论首先在社交网络形成，之后才在媒体中有所反映。社交媒体已经成为观察舆论的重要窗口。媒体对舆论的处理（反映、放大、推动、控制等行为）本身也受到网络舆论的评判：媒体传播的信息，被多数网民认可、肯定、再传播者会被社交网络放大；被多数网民否定、抵制者会被社交网络抵消、冲淡、化解。

传统媒体在移动化转型过程中，要对自身地位、作用的变化有充分认识，要采取相应的措施应对。

2. 重新认识用户，弄清移动媒体用户与传统媒体受众的根本区别

用户由被动变主动。大众传播时代，媒体是信息传播者，受众是接受者，受众是被动的，处于从属地位。报纸登什么，读者就看什么；广播电视播什么，听众观众就听什么看什么，而且只能按媒体播出的顺序听或看。移动传播时代，用户可以通过快速浏览选择新闻，可以通过搜索去找新闻，可以直接跟帖讨论某新闻的快与慢、写得好与坏以及某评论说得对与错。用户在相当程度上掌握了新闻信息的选择权与评判权！

用户既是受者也是传者，还是新闻价值的评判者。大众传播时代，媒体传播，受众接受，主从地位不可改变。受众很难在大众传播渠道中表达意见，能表达也是极少的、滞后的。移动传播时代，传播是双向的、互动的，用户看到任何信息都可便捷转发或不予理睬，都可表达自己对该信息的喜怒，发出评论或点击表示"赞""踩"的符号。媒体传播一则新闻，不仅能看到有多少人浏览，还能看到有多少人认可、肯定或表达不满情绪。新闻信息的传播效果不仅体现在浏览人数上，还能从用户的褒贬臧否中反映出来。

媒体不仅要让更多用户看到自己所发布的新闻信息、评论，更要发布广大用户喜闻乐见、直击心灵的新闻和评论。

3. 重新认识传播者，弄清传统媒体从业人员与移动媒体传播者的根本区别

移动传播时代，媒体从业者仅仅是传播者之一，他与用户和其他传播者的地位是平等的。媒体不再高高在上，发号施令、颐指气使的媒体不再受欢迎。传统媒体从业人员要放下身段，调整心态，完全融入移动互联网的传播环境中，将宣传、教育、引导等责任寓于新闻信息之中，寓于用户喜闻乐见的传递方式方法之中。

需要确立用户观念、服务观念、平等观念。要充分认识到，用户是关系媒体生死存亡的关键要素，媒体要从传播者转变为服务者，做好新闻信息等的服务工作。用户与你平等，用户至上，要服务好用户，满足用户需求；与用户建立关系，增强用户黏性，让用户喜欢你，离不开你；你的新闻要让用户能够即时便捷获取，产品要人性化；提供周到的、贴心的服务，让用户获得超值享受。

重塑传播者与用户的关系。社交传播、互动传播在移动传播中占有重要地位，如何让用户参与二次乃至 N 次传播，关系到传播的广度与深度。精准传播是未来的主要传播方式，如何精准地将用户需要、喜欢的信息在最合适的时候传递给用户，这是现代传播需要解决的重要问题。所有这些，都需要传者与受者建立新型的关系，传播者要认识用户，了解用户，想用户所想，与用户共情、贴心、精神相通。这是传播者引导用户的基础、前提。传播者与用户共情、共识，用户会积极主动地转发，积极参与再传播。

确立互联网思维。互联网思维是针对非互联网业态提出来的，说的是无论做什么都要从互联网的角度去思考，要有互联网式的思维方式。不同的人、不同行业，对互联网思维有不同的认识。对于新闻传播来说，互联网思维应该包括（但不限于）以下方面：以人为本，用户至上；良好体验，高匹配性；颠覆式创新；网状组织与运作方式；贴身（超便利性），贴心（直击心灵）；参与，互动；

简约，极致；扁平式管理，协同式运作，等等。

确立开放融合共享理念。网络提供了融合共享的机会与条件，原来的媒介分隔被打破，不同地域、行业的资源整合成为可能。媒体要善于与不同地域、不同行业的媒体协作合作，与不同类型的企事业单位及政府部门协作合作，开放共享、融合共赢。国家级媒体与省级媒体融合，省级媒体与市县级媒体融合，媒体、政务、商务融合，已非难事。

4. 提高对技术的认识，增强技术性思维，让技术权威参与决策，更多地利用技术解决难题，推进发展

移动传播是对技术高度依赖的传播活动，传统媒体的从业人员特别是那些文科出身、一直从事新闻业务工作的管理者，在组织报道、制定发展规划等工作中，容易忽视技术因素，甚至可能对技术有一种天然的（潜意识的、不易被察觉的）排斥感。因此，需要学习、了解技术，听取技术人员的意见，让技术人员参与决策，在决策和传播过程中尽可能多地考虑技术因素，让技术更好地发挥作用。

认识是前提，观念是先导，但光有认识和观念是不够的，要将这些认识、观念落实到行动中，体现在决策与具体措施之中。

二　变"技"——采用新的传播技术，构建新的传播平台，改变"技"法，提升"技"能"技"艺

"你不管把多大数量的驿路马车或邮车连续相加，也决不能从而获得一条铁路。"[1] 同样，不管你将多大数量的传统媒体内容搬到

---

[1] ［美］约瑟夫·熊彼特：《经济发展理论——对于利润、资本、信贷、利息和经济周期的考察》，何畏、易家详等译，商务印书馆1990年版，第72页。

移动端，也不能够从而成为移动媒体。移动媒体与传统媒体在传播渠道、模式、技术、技能、技巧及方法上都大不相同，传统媒体的移动化转型必须在变"技"上下大功夫，采用移动传播的新技术，畅通移动传播渠道，重构适合移动传播的采编发流程，采用移动端用户喜闻乐见的方式方法进行传播，全面提升传播力、引导力、影响力、公信力。

1. 变技术：从掌握传统的传播技术到掌握移动传播技术，从购买、学习新技术到跟随前沿技术，最终实现技术创新，引领新技术

传统媒体技术（既成熟也古老的报刊印刷发行技术、广播电视拍录制作发射技术），很难用到移动传播上。传统媒体移动化转型必须采用新技术。移动传播技术是传统媒体的短板，需要尽快补齐。

组建技术队伍。在移动化转型过程中，传统媒体一开始常常通过购买服务或者通过合资合作方式获取技术，经过一段时间后发现最好是拥有一支自己的技术队伍。凡是早建技术队伍的媒体都尝到了甜头，天津的北方网拥有一支较强的技术队伍，其技术产品销售到全国各地，后来在研发津云中央厨房及客户端上也大显身手。人民日报社、新华社现在都拥有自己的技术队伍。大的媒体、媒体集团都应该组建技术团队，将核心技术掌握在自己手中。组建技术团队，研发自主移动传播平台，能够在技术上获得主动权。

从购买技术到跟随前沿技术，再到技术创新，引领技术发展。大型媒体、媒体集团初期对互联网技术、移动传播技术不了解、不掌握，购买技术服务、与技术公司合资合作是第一步，第二步会组建技术团队，加大技术投入，增加研发力量。媒体及媒体集团不应满足于掌握一般的移动传播技术，而应保持对技术的敏感性与前瞻性，持续增加技术投入，积极谋划和布局未来。从掌握基本的移动传播技术，到紧跟移动传播前沿技术，再到自主研发、创新，提高关键技术、核心技术研发应用能力，获得突破，直至发挥技术引领

作用，抢占技术发展应用的先机。

形成技术服务体系。大型媒体、媒体集团也不应该满足于技术的自用，要重视构建技术服务体系，为中小媒体服务，为社会提供服务。目前，一些技术实力较强的媒体已经开始向其他媒体和政府部门输出技术。人民日报媒体技术股份有限公司先后为雄安新区、太仓日报社、人民政协报、北京市延庆区等地区或机构的媒体融合转型提供技术支持，为其建设中央厨房；浙江日报报业集团、湖北广播电视台、湖南日报报业集团、江西日报报业集团、天津海河传媒中心等均依托自身技术力量为市级、县区级媒体及政府部门提供中央厨房、融媒体采编系统、客户端建设等技术服务。形成技术服务体系，以技术养技术或者以技术补技术，是大型媒体、媒体集团应走之路。

获得稳定的技术服务。对于中小传统媒体来说，依靠自身力量组建较强的技术团队，一般不太可能，要想形成自己的技术服务体系，更难。大多数中小媒体需要依托或借重大型媒体或媒体集团的技术力量来开展移动传播，实施移动化转型。就移动分发、采编发流程、移动传播平台、媒体中央厨房等技术而言，大型媒体、媒体集团的技术一般比技术公司的技术更成熟、实用，它们为媒体的实践需要而开发，在不断的传播实践中完善、迭代。中小媒体宜采用大型媒体、媒体集团的技术，更为重要的是，体制内的技术支持总比商业技术公司的支持更稳定可靠。

2. 变技法：创新体制机制，再造采编发流程

技法在这里指技术手段、媒体技术的具体呈现。网络传播、移动传播，通过软件、流程可以省却人工、节约成本、减少差错、提升效率。传统媒体在移动化转型过程中，已经调整了管理体制、变革了机制，实施了新的采编发流程。所有传统媒体的新媒体端都采用数字平台、多端一键发布、传播效果全流程全天候监测，一些媒体还设立了与采编发流程相配套的调度指挥中心，如中国青年报、浙江日报报业集团等。

现在的问题是，如何升级、完善这些技术，如增加网络直播系统、短视频采编系统、动漫制作系统等，使之更好地服务于媒体的移动传播。

3. 变技能：让传统媒体从业者掌握移动传播技能，更好地适应移动传播的需要

技能是个体内在的技术能力。传统媒体在转型过程中尤其要重视从业人员的技能培训与提升。传统媒体从业人员从采集到真实可靠的新闻素材、写出好新闻好评论，从会策划、能主持好节目，到成为能写、会拍（照片、视频）、擅剪辑、能制作 H5、会做图解新闻、会使用多种软件、懂网络互动……的多面手；从编排出好版面，到能编辑出上佳的微博体、微信体文章，并获得大量粉丝，其技能要求是大不相同的。当前，H5、微视频、微动漫、音频、视频直播、短视频、Vlog、VR/AR 等新的传播形态已经成为移动传播的"标配"，未来随着技术的发展还将有更多新的移动传播形态不断涌现。媒体要重视培训，支持、鼓励、奖励编辑记者学习、掌握新技能，成为多面手，从传统媒体的采编人员转变为全面掌握移动传播技能的新媒体从业人员，成为移动传播的强者。

技能培训要分阶段、分批次、分类型来进行，不必人人都掌握所有的技能。近期，要加强短视频、动漫、H5 等的培训，未来 VR/AR、数据处理等方面的培训会比较迫切。

4. 变技艺：提升移动媒体的传播力、感染力

技艺是个体能力的外在表现。报纸风格、版面编排、标题制作、文章写法，电视节目包装、播音员语速语调及情感呈现，都是艺术，移动媒体也有很多这样的艺术。传统媒体的技艺与移动媒体的技艺有相通之处，也有不通、不同之处。同样是视频，短视频、移动视频直播就与传统电视的要求不一样，更别说 VR、AR 了；同样是页面设计，移动网络的用户体验与报纸版面艺术，其要求肯定不同；同样是策划，微博更强调话题感，移动媒体则更重视情感的交流、沟通，更强调人性化、即时性、便利性、快响应。这些，都

需要在实践中学，需要培训、交流互学，鼓励和奖掖是非常必要的。

三　变"身"——改变形态，强健"体魄"，做强移动传播，成为新型主流媒体，形成现代传播体系

移动互联网变革了传播关系，改变了传播形态、传播介质、传播渠道、媒体功能等，更改变了传播者和媒体本身。传统媒体移动化转型，必将带来媒体之变。媒体之变是多方面的，其"身型"与"身形"发生改变是必然的。

1. "变身"为数字化平台、拥有巨大延展性的移动平台

内容与功能融合。移动传播平台是媒介形态融合的平台，可将整个移动传播体系聚于一身。数字化平台将报纸、广播、电视融于一身，文字、图片、音频、视频、动漫、H5、直播甚至游戏，传统媒体、自媒体、社交媒体等等，都可寓于一体，同台展示。刀、枪、弓、箭、剑、戟、斧、钺……十八般武艺藏于一身，让移动平台真正成为"全息媒体""全员媒体"。

在功能方面，许多传统媒体的移动传播平台，不同传播渠道、不同终端如客户端、微博、微信公众号、抖音、快手等都可一键发布，做到全渠道分发。

体量、功能无限延展。传统媒体时代，媒体规模的扩大是物理上的叠加：报纸扩版或新办报纸，电台电视台增开频道或办新台。网络媒体平台是数字化平台，拥有巨大的延展性。一个数字化平台可小可大，其大可大至无限。微信平台已容纳 10 亿量级的用户和千万量级的微信公众号，今日头条、腾讯新闻等都有数百万甚至上千万的媒体账号、政务账号、个人账号。传统媒体的移动平台、客户端的延展性也很好，容量相当大，人民日报客户端除图文视频报

道外，还有人民直播平台，每天有数场至十余场直播；也有人民号自媒体平台——现有约 1 万个账号，只要管理、审核力量能跟上，它可发展十万、百万甚至千万个自媒体账号——还有 30 个地方客户端，这也可发展更多。其实，每一个新闻客户端都可以像人民日报客户端这样，拓展更多功能，延展更多服务。这实际上大大拓展了媒体的发展空间，使其有了更多的发展机会。

移动平台的功能还会延展，未来智媒体会加入，最终成为全渠道、全端口、全网点的发布中心、操控中心和展示、发布平台。

2."变身"综合服务平台，"跨界"拓宽发展空间

数字化平台打破了行业界限，跨界、抢食分食他人蛋糕成为常事。亚马逊最初是卖书的，如今成为世界上最大的电商平台；京东是电商，如今的图书销售与当当网已不分伯仲；网易是商业新闻网站，如今电商平台"严选"已具相当规模……

新闻本是传统媒体的地盘，但在网络时代特别是移动互联网时代，商业网站、移动原生态网站、自媒体、社交媒体都已跨界，大量分食了"新闻"这块蛋糕，留给传统媒体的份额已经不多了。传统媒体有了移动数字平台，也就有了跨界的功能和分食他人"蛋糕"的基础，只是到目前还做得太少。一些媒体的新闻客户端开辟了政务服务、生活服务的窗口，只是效果还不太好；舆情服务是传统媒体做得最成功的一块，只是这块"蛋糕"的体量有限；不过，温州日报报业集团温州都市报开办电商"温都猫"，经过五年奋斗，已小有成绩；烟台广电的胶东在线推出"烟台公交""智慧消防""考试在线"，已初尝跨界甜头。

传统媒体拥有难以撼动的公信力、强大的政府资源，完全有基础、有条件在多行业进行跨界开掘，在大数据、智能化（智慧城市等）、物联网等方面都拥有较为广阔的发展前景，关键在人，在创新，在扎实地做。

3."变身"还将表现在整合、并购、重组等方面

首先是媒体间的整合、并购、重组。纸媒的整合，成立报业集

团，这是十几年前的事了。广播电台与电视台的整合，成立广播电视台，已经完成。新的整合形式是跨媒介整合：天津、大连、银川等地以行政手段将区域内报纸、广播、电视全部整合到一块；区县将区县范围内的报纸、广播、电视、新媒体整合在一起，成立融媒体中心。赣鄱云、长江云、新湖南云等省级新媒体为地市县及省直部委厅局建设中央厨房、客户端，这都是媒体、媒介之间的整合。大型传统媒体、媒体集团通过整合（未来可能会有并购、重组）将移动传播平台做大做强，中小媒体经过整合（或者被并购、重组）得以借大型媒体力量使自身快速适应移动传播之需要，这都是良性的"变身"。

其次，跨界的整合、并购、重组未来可能会更多。只是，传统媒体在此过程中要成为整合、并购、重组的主导者，不能被动地成为被整合、并购、重组的对象。

四 变"式"——改变经营方式、模式和手段，学会在新媒体在移动端挣钱

从传统媒体到移动媒体，传播渠道、传播方式、传播手段变了，盈利模式也随之改变。传统媒体移动化转型，不仅要变"脑"、变"技"、变"身"，盈利方式、赚钱路子也得变。

1. 转模式：从"内容为王"到内容、渠道、平台并重

传统媒体的主要经营模式可以简单概括为：刊播优质新闻及其他信息以吸引受众，通过聚集受众招徕广告客户，即"二次销售"——第一次销售的产品为有价值的新闻信息，获得特定受众群的注意力，第二次销售的是受众群的注意力，获得广告收益。"二次销售"最关键的是内容，特别是原创内容。正因其如此，"内容为王"成为传统媒体时代的铁律：内容愈优，受众愈多，媒体影响

力愈大，广告客户愈多，广告价格愈高。到了移动互联网时代，这一铁律不那么"铁"了，不再成"唯一"了——虽然移动端的"二次销售"仍然存在，内容仍然很重要，"注意力"仍被销售，但技术、渠道在移动媒体经营中的作用越来越突出了，"技术为王""渠道为王"因此被一再强调。今日头条没有自己的内容，靠技术将传统媒体、机构及自媒体的内容聚合到一起进行分发，一年的广告收入二三百亿。[①] 腾讯新闻、一点资讯、网易新闻等自身内容很少，它们依靠技术聚合，也赚得盆满钵满。传统媒体的新闻客户端拥有大量原创内容，但技术不够强，分发渠道不够通畅，活跃用户不够多，目前的广告收入不高甚至很少。

传统媒体在移动化转型过程中，要注意将以往轻车熟路的通过打造优质内容盈利的模式——"二次销售"模式，调整为内容、技术、渠道并重模式。大型传统媒体可通过强内容＋强技术＋多渠道分发，提升移动平台（客户端）影响力、聚合力，大大增加活跃用户（非下载用户），吸引更多广告投入。中小传统媒体通过强内容＋多渠道分发，也能获得较好的收入。2010 年，《中国新闻周刊》早于大多数传统媒体推出客户端，后来发现自身内容太少，无法与聚合平台竞争，便于 2013 年下线客户端，解散技术团队，专注于多渠道分发、社交传播，经营收入连年增长，2018 年新媒体营收占总营收的 1/3，2019 年上半年又有较大增幅，全年新媒体营收有可能占到总营收的 1/2。[②] 江苏经济报也是通过多渠道分发，大大提升了自身的影响力，以影响力带广告，以影响力带活动，收入连年增长。

----

① 今日头条没有公布 2018 年的广告收入，但有媒体报道《今日头条 App2018 年广告收入有望超 290 亿》，http://www.ebrun.com/ebrungo/zb/296077.shtml。同时另有一报道说今日头条 2018 年收入 500 亿，http://it.chinairn.com/news/20190220/170206385.html。

② 《从广告断崖式下滑到年营收过亿，这家主流媒体叫〈中国新闻周刊〉》，百度百家号"传媒茶话会"，https://baijiahao.baidu.com/s?id=1618888691452190695，2018 年 12 月 4 日。

2. 转方式：从单纯"卖版面"到既"卖版面"也卖服务

"卖版面"源自报纸杂志的通俗说法，指报刊通过版面刊登广告获得收入。PC 网站及移动端的网页也是一种"版面"，网页广告目前仍是媒体的主要收入来源，但传统媒体所办的新媒体因活跃用户较少，流量不足够大，广告收入不多。一些媒体另辟蹊径，通过提供各类服务获得经营收入。服务收入的种类正在增多，有舆情服务、数据服务、旅游服务、美食服务等。浙江安吉县人口 46 万，安吉新闻集团"爱安吉"客户端（下载用户 20 万，注册用户 10 万）的美食版块很受欢迎，被称为安吉的精品"美团"，有近 200 家各色饭店加盟入驻，覆盖各个乡镇。安吉新闻集团还与河北正定县广播电台共同发起推出"游视界"平台，联合 100 多家县级广播电台共建共享，为各地旅游产业做宣传。这个平台也显示了较好的前景。

与百姓生活息息相关的行业，深入开掘，垂直耕耘，把服务做好、做精、做深、做透，每一个细分行业都有商机。

政府部门、企事业单位需要媒体提供的服务也很多，除舆情、数据服务外，仅新媒体方面就有平台搭建与运维、产品制作、人员培训等等，媒体通过提供这些服务可以获得收益。

3. 移动端经营是全渠道、全形态、多元、多维度的

全渠道营销。现有各种移动传播渠道都可以营销，不论是微博、微信等社交平台，还是抖音、快手、喜马拉雅等音视频平台，移动传播各渠道、各端口都可以吸引商业性投入；在文字内容中插入广告已成为个人自媒体的常见手段；短视频的片头广告或插入广告已很常见；还有人在朋友圈做营销。

目前已经出现了各式各样的营销：粉丝营销、网红营销、场景营销——将用户线上线下活动细分为不同场景进行适时营销，这些都是创收手段。

各种媒介形态都能营销。移动端的经营不仅是全渠道、全平台的，也是全形态的：图文、视频、音频、H5、直播等不同的媒介

形态都可以进行营销。

广告形式创新。除图形广告外，还出现了弹窗广告、原生广告（Native Advertising）、重力感应广告等。

知识付费。近年来，知识付费渐成趋势，越来越多的用户愿意为有价值的内容付费。据艾媒咨询分析统计，知识付费已成为产业，可分为知识电商、社区直播、第三方支持工具、讲座微课、社交问答、付费文档等八类，收入靠前的仅读书类的就有得到、有书、樊登读书、十点读书等等；财经类的有吴晓波频道、真知灼见等等；企业培训类的有好多课、今今乐道读书会等等。① 说起来，传统媒体创办此类知识付费栏目，也是有条件的。

"意向经济"开始出现。大家对"眼球经济"比较熟悉，现在各类广告，还有所谓的"粉丝经济""网红经济"，实质都是"眼球经济"，是"注意力经济"。近年来，移动互联网让"意向经济"② 开始受到重视。意向经济是指围绕着消费者意向进行的经济活动，它是一种需求导向型，而不是利润导向型的经济活动。除了买家发布购买意向，招徕卖家竞争，卖家也可从用户的网络行为中捕捉其消费意向，从而有针对性地向其推介商品和服务。这当然需要大数据技术的支持。

技术服务。技术是移动传播的重要支撑，技术也将成为部分移动媒体主要的收入来源之一。拥有一定技术实力的媒体，如人民日报社、新华社，省级的有湖北广播电视台、湖南日报社、江西日报社、天津海河传媒中心等，都在开展对外技术服务，并且已经获得一定的服务收入。胶东在线虽是中小型媒体，它开发的"智慧消防"楼宇火灾预防预警产品，通过移动端云技术智能化地对企业安

---

① 艾媒大文娱产业研究中心：《2018—2019 中国知识付费行业研究与商业投资决策分析报告》，艾媒网，https://www.iimedia.cn/c400/63439.html，2019 年 1 月 18 日。

② 道克·西尔斯（Doc Searls）提出"意向经济"（The Intention Economy）的概念，不同于此前人们对于注意力经济的认识，西尔斯将视角从"利润导向"转向"需求导向"，他认为既然注意力经济是围绕卖家提出的，那就有可能存在另一种旨在实现买家意愿的经济模式。意向经济是以消费者需求为导向，卖家围绕买家意向竞争的经济活动，核心所在从卖家变成买家。

全进行远程管理和全天候监控，可以在第一时间发现安全隐患。目前这一技术创新项目已在深圳、长春、吉林、郑州、哈尔滨、常德、包头、伊犁、鞍山等全国近 20 个城市建立了分销和代理渠道。① 由此可见，不管媒体大小，只要你拥有创新技术产品，都有市场，都能创收。

大数据技术将成为媒体服务社会的重要技术之一。在我国，体制内的传统媒体做大数据拥有优势，比较容易获得政府部门和企事业单位的信任，一些见事早的媒体已开始布局大数据。南方报业传媒集团于 2017 年底开始启动中央数据库项目和南方数据门户，其建设原则是"边建边用，边用边建"，建设过程中既自用也向社会提供服务。

未来，数据服务将成为重要收入来源，大型媒体、媒体集团一定要重视数据收集与数据技术的研发。媒体的大数据不应仅限于媒资数据，一定要广泛汇集行业数据、网络数据特别是社交网络数据、网络行为数据。未来，媒体的数据库至少可提供以下几类服务：（1）助力行业发展规划、行业管理，提供数据支持或决策报告；（2）助力精准社会管理、社会治理，提供数据支持或决策报告；（3）为科研人员、智库提供数据支持；（4）为企业提供多类数据服务，企业产品研发、市场推广、广告活动等，都需要大数据的支持。社交网络中网民情感、倾向分析，网络帖文的语义分析将很有价值，它可为企业的产品研发与商品推销、社会舆论引导、社会治理等提供不可或缺的参考。现在的舆情服务，会在相当程度上被数据服务所取代。

大型媒体、媒体集团宜尽早谋划数据库建设和数据服务，中小媒体可根据自身资源与大型媒体、媒体集团合作，汇聚、开发某些垂直的数据库。

投资将成为重要的收入来源。一些实力较强的传统媒体开始重

---

① 邓兆安：《胶东在线移动互联网时代的优势锻造》，《新闻战线》2018 年 11 月（上）。

视投资。投资形式多种多样，以媒体的品牌与信用背书发起设立投资基金，是一种常见形式。湖南广电的"达晨创投"，管理的资金规模达300亿元，已投资数十家上市或非上市公司；上海报业集团和上海东方传媒集团发起设立的"华人文化产业基金"，规模达数十亿元。浙江日报报业集团、人民网等也分别发起设立投资基金并达到了相当规模。当然，投资需有实力，设立投资基金也需有信用及实力，不是所有媒体都能做的。

总而言之，移动媒体经营范围广泛，赚钱方式众多，关键是有创新的头脑和持续不断的努力。当然，所有经营都需守法合规。

五　变"智"——以智能化改造提升 移动传播效率与传播力、经营力

变"智"，指媒体变得更智慧、智能。随着 AI 在社会各行各业越来越深度地应用，媒体的智能化势不可当。AI 技术正在重塑新闻生产与传播方式，重构媒体生态链。

1. 以智能化提升移动传播效率

人工智能在移动传播各个环节都能提高工作效率，降低成本。

机器人写稿。新华社"快笔小新"、腾讯"梦笔"（Dreamwriter）之类的写稿机器人目前主要用于体育新闻和经济新闻，最快 3 秒钟成稿；中央电视台、新华社虚拟主持人可以 24 小时不停播报。目前，写稿机器人、人工智能平台、虚拟主持人主要是媒体自用，未来将为社会提供服务，其他媒体可以通过购买服务来提高工作效率、降低新闻生产成本。

智能化编辑系统。在一些媒体平台，机器人（软件）开始用于新闻标题的制作、新闻摘要的撰写、音视频剪辑合成等。人工剪辑一则短视频，最快也得几分钟，而新华社人工智能平台"媒体大脑"（MAGIC）最快 6 秒生产一条短视频节目！2018 年 6 月，"媒体大脑"2.0 亮相俄罗斯世界杯报道，世界杯赛期间共生产短视频

3.5万多条。2018年11月，中国首届进口博览会，"媒体大脑"3.0上线，一天生产短视频100条。"媒体大脑"以大数据处理技术、智能算法技术以及人机协作技术为核心，包含智能数据工坊、智能媒资平台、智能生产引擎、智能主题集市四大智能系统，能自动产出成品视频内容，以及文字、图片内容。"媒体大脑"之类的平台，以后会越来越多。它将大大提高新闻编辑系统的工作效率。

智能校核。在检查校对环节，一些媒体已经开始用软件检查、校核文章了，只是还相对初级，主要是字词的校核，还不能做到从逻辑、语义上对文章进行校核。

人机协作。当前，机器人还需与人工结合，即人机协作，才能较好地完成采编任务。不过，从数据收集到写作、编辑加工和传播分发的整个流程，机器人（软件）都开始发挥作用，并且发挥着越来越大的作用，它提高了新闻生产与传播的效率，节省了人工，降低了成本。

2. 以智能化提升移动媒体传播力

便利传播。移动互联网让"人随网走"变成了"网随人动"，人工智能则让"人找信息"变成了"信息找人"。"信息找人"首先表现在获取信息的便利。手机客户端的开发，各类网页中的转发按钮，社交媒体的自动转发功能，还有基于用户位置的新闻推送、短信推送等等，都是便利传播的体现。"便利性决定了传播有效性的基础条件，便利性决定与个性化消费的匹配程度，因此便利性是媒体融合的一个重要条件。"[①] 便利传播大大提升了传播的信息送达率和有效性。

智能分发。目前，传统媒体的移动平台都能做到多渠道、多端口一键分发，这是最简单的智能发布，还不是智能分发。"人随网走""人找信息"，人知道自己需要什么，便去找什么样的信息。

---

① 陆小华：《媒体融合需迈过五道坎》，微信公众号"视听变革"，https：//mp. weixin. qq. com/s？_＿biz＝MzA4NDE3NzEyMQ%3D%3D&idx＝1&mid＝200589336&sn＝f41f21b02 884e26436d8c4285c71c802，2014年8月23日。

"网随人动""信息找人"则必须送上人最需要的信息，不能送去一堆不需要的垃圾。智能分发要解决的就是对不同用户推送不同的新闻信息，即精准传播的问题。人民日报客户端、界面新闻、东方头条等已经开始试用智能分发。当然，做得最早也较为成功的是今日头条。今日头条自称是基于数据挖掘的推荐引擎产品，向用户推荐个性化的内容。

不过，今日头条虽然做到了"千人千面"，每个用户看到的内容都不一样，但是，许多用户仍反映他所看到的并不都是他需要的、他想看的。这不仅因为人的需求是变化的，而且因为"算法"所拥有的数据还太少，不足以全面而深入地了解用户，只能依照用户"浏览历史"及关联用户、相似用户等的浏览情况进行分析推测并推送，还做不到"按需推送"。随着技术的发展，机器收集用户的数据会更多、更丰富，信息推荐的匹配度、精准度也会越来越高。

路透社 2016 年公布的人工智能新产品"路透新闻追踪器"，[①]能够实时监控社交媒体上的海量信息，及时发现那些具有重大新闻潜力的线索，还能判断一条信息是事实陈述还是观点表达，并在此基础上识别出该信息所指示的新闻事件是否真实、是否有新闻价值等等。无人机、智能手机、可穿戴设备、遥感卫星等从本质上讲是一种收集数据信息的方式，[②] 均可用于新闻信息的收集、新闻线索的分析。

人工智能的核心是数据处理，它能让信息与其使用者之间的匹配越来越精准，机器对每个用户的使用习惯/使用偏好的把握程度不断提升，可以在用户最合适的时间、最需要的时候推送信息。

---

① Richardo Bilton, Reuters built its own algorithmic prediction tool to help it spot（and verify）breaking news on Twitter［EB/OL］, http：//www. niemanlab. org/2016/11/reuters – built – its – own – algorithmic – prediction – tool – to – help – it – spot – and – verify – breaking – news – on – twitter/. Nov. 30, 2016.

② 许向东:《数据新闻中传感器的应用》,《新闻与写作》2015 年第 12 期。

《纽约时报》使用 BLOSSOM 推荐新闻，平均阅读量是原来人工推荐文章的 38 倍。①

3. 以智能化提升经营力

美国百货业创始人约翰·沃那梅克曾说："我知道我的广告费有一半被浪费掉了，可是却不知道是哪一半。"大众传播方式、漫天撒网式的广告刊播无法精准地向用户投放，浪费严重，这是广告界尽人皆知的，但这个问题在近百年的现代广告史中都无解。大数据、人工智能技术带来的智能推荐、精准营销（precision marketing）则有希望解决这个问题。

广告及服务的精准推送，是移动媒体智能营销的重要体现，未来会有广泛应用。通过对用户网络行为轨迹体现出的兴趣爱好、行为偏好等进行分析，最终将与用户最相匹配的商品和服务信息推荐给用户，无疑会达到最佳的广告效果。

广告及服务的精准推送，包括客户端、微博、微信及社交网络、邮件等各类用户，可依据年龄、地域、兴趣爱好、网购行为以及推送反馈等进行推送。其精准化程度需要在实践中不断提高。

前述"意向经济"所说的通过分析网民的贴文、网络行为（比如网络查询、搜索）、情绪及情感倾向（比如对某些产品或服务的好感与不满）等等，以及对其网购历史、旅游经历等的大数据进行分析，发现其未来消费意愿与倾向，有针对性地向其推荐商品或服务。这样的"意向经济"是更精准、贴身而贴心的营销，它高度依赖于大数据技术。

如今的电商都很重视植入社交功能，因为买家与卖家充分沟通能提高"成交"概率，"在线客服"尤其在线人工客服对于加深沟通与了解、促进成交具有重要作用。目前，媒体的"在线客服"甚少，新闻信息发布需有"在线客服"回答用户的问题，各类政务服

---

① 全媒派：《5 分钟科普"机器新闻前世今生"》，腾讯网，http://news.qq.com/original/dujiabianyi/jiqixinwen.html，2015 年 9 月 11 日。

务、生活服务等项目更需要有"在线客服"尤其人工客服实现即时沟通，这能让媒体的服务更贴身、贴心。

人工智能技术正在发展，还远未成熟，在新闻传播中的应用也还是很初级的。未来，其应用必定会更为广阔、日趋成熟。

传统媒体移动化转型，需要媒体采取一系列措施改变自身，只有媒体、媒体人变了，变得适应移动互联网，掌握了移动传播的规律，转型才有希望。基于此，本书将传统媒体移动化转型策略概括为五"变"：变"脑"、变"技"、变"身"、变"式"、变"智"。五"变"是相互联系的，它们构成了转型的总体策略。比较而言，变"脑"更重要，变"脑"是前提，是先导，认识不变、观念不改，思维停留在旧的方式方法上，传统媒体的移动化转型不可能有大的改变。光变"脑"也不行，只停留在口头上，认识很到位、措施一整套，但没有行动，不踏踏实实去干，不破解一个个难题，移动化转型也是空谈。变"脑"之后，需要在变"技"、变"身"、变"式"、变"智"方面下大功夫，实施各种各样的办法，扎扎实实推进移动化转型。

就我们研究能力所及，已尽可能将五"变"的具体意见措施写详尽，但无论如何都很难囊括所有应采取、实施的办法与措施。不过，它所指明的方向是正确的，媒体只要依据自身的资源禀赋，从五个方面作出努力，移动化转型必会取得成效。

参考文献

［美］保罗·莱文森：《手机：挡不住的呼唤》，何道宽译，中国人民大学出版社2004年版。

［美］卡斯特尔等著：《移动通信与社会变迁：全球视角下的传播变革》，傅玉辉等译，清华大学出版社2014年版。

北京市新闻工作者协会编：《中国媒体融合发展报告（2016）》，社会科学文献出版社2017年版。

方立明：《新时代地方媒体融合发展的三道历史性命题》，《中国记者》2018年第6期。

耿磊：《智媒体——媒体融合发展的下一个关键词》，《新闻战线》2018年11月（下）。

郭乐天主编：《蝶变——温州都市报媒体融合故事》，新华出版社2017年版。

郭全中：《转型的关键在于观念》，《传媒评论》2014年第5期。

郭全中：《传统媒体转型路径分析》，《新闻前哨》2014年第5期。

郭全中：《媒体转型中的七大理论问题探讨》，《新闻与写作》2014年第8期。

郭全中：《互联网思维与传统媒体转型》，《出版广角》2014年7月（上）。

郭全中：《转型需要产业融合与系统化思维》，《传媒》2015年1月（上）。

郭全中：《传统媒体转型的五大逻辑》，《新闻与写作》2017 年第
　　5 期。

郭全中：《新媒体环境下传统媒体转型战略研究》，《新闻爱好者》
　　2018 年第 11 期。

何其聪、喻国明：《移动传播时代：纸媒二次崛起的机遇》，《出版
　　发行研究》2015 年第 7 期。

［美］亨利·詹金斯著：《融合文化：新媒体和旧媒体的冲突地
　　带》，杜永明译，商务印书馆 2015 年版。

黄楚新：《新媒体：融合与发展》，人民日报出版社 2016 年版。

姜赟：《没有移动传播力　难言舆论引导力》，《新闻前哨》2014 年
　　第 4 期。

孔和平：《用好技术引擎　弘扬主流价值——湖南日报社媒体融合
　　的实践与体会》，《新闻战线》2018 年 10 月（上）。

匡文波：《手机媒体概论》，中国人民大学出版社 2006 年版。

李红艳：《移动传播时代的组织结构变革》，《青年记者》2015 年第
　　7 期。

李黎丹、王培志、黄小保：《中国传统媒体移动传播新格局》，《网
　　络传播》2015 年第 7 期。

李善友：《颠覆式创新：移动互联网时代的生存法则》，机械工业出
　　版社 2015 年版。

梁国典：《媒体融合转型的目标与路径——大众报业集团融合转型
　　的探索与实践》，《中国记者》2018 年第 5 期。

刘明洋：《解读移动传播的八个关键转变》，《青年记者》2015 年第
　　6 期。

［美］迈克尔·塞勒：《移动浪潮：移动智能如何改变世界》，邹韬
　　译，中信出版社 2013 年版。

麦尚文著：《全媒体融合模式研究：中国报业转型的理论逻辑与现
　　实选择》，中国人民大学出版社 2012 年版。

毛晓红：《党媒由"端"到"云"的平台建设路径》，《新闻战线》

2018 年 1 月（上）。

彭兰：《移动化、社交化、智能化：传统媒体转型的三大路径》，《新闻界》2018 年第 1 期。

彭兰：《智能时代的新内容革命》，《国际新闻界》2018 年第 6 期。

彭兰：《新媒体传播：新图景与新机理》，《新闻与写作》2018 年第 7 期。

强荧、戴丽娜主编：《新闻传播学理论前沿：在媒体融合的视域下》，上海社会科学院出版社 2016 年版。

强荧、焦雨虹主编：《上海传媒发展报告（2017）——移动传播与媒介创新》，社会科学文献出版社 2017 年版。

人民日报社编：《深度融合——中国媒体融合发展年度报告（2017—2018）》，人民日报出版社 2018 年版。

史康宁：《把握网媒发展大趋势　构造移动传播新格局》，《新闻战线》2014 年第 8 期。

双传学：《全面把握媒体融合发展的辩证法》，《新闻战线》2019 年 6 月（上）。

宋建武、黄淼：《移动化：主流媒体深度融合的数据引擎》，《传媒》2018 年第 3 期。

宋建武：《媒体深度融合：平台化、移动化、智能化》，《视听界》2018 年第 4 期。

宋建武：《媒体深度融合：平台化、移动化、智能化》，《视听界》2018 年第 8 期。

宋建武：《媒体融合就是主流媒体的互联网化》，《青年记者》2018 年第 28 期。

宋建武、林洁洁：《遵循新兴媒体发展规律　推动媒体融合向纵深发展》，《传媒观察》2019 年第 4 期。

唐兴通：《引爆社群：移动互联网时代的新 4C 法则》，机械工业出版社 2015 年版。

唐绪军、黄楚新、王丹：《步入智能互联新时代：中国新媒体发展趋势》，《中国记者》2018 年第 8 期。

童晓渝、蔡佶、张磊：《第五媒体原理》，人民邮电出版社 2006
　年版。

万小广：《媒体融合新论》，新华出版社 2015 年版。

王力：《移动互联网思维》，清华大学出版社 2015 年版。

王文科主编：《中国限于媒体融合发展的先行探索——长兴传媒集
　团变革启示录》，浙江大学出版社 2017 年版。

许同文：《媒体平台与平台型媒体：移动互联网时代媒体转型的进
　路》，《新闻界》2015 年第 13 期。

杨世桥：《智能穿戴——移动传播新平台》，《新闻战线》2014 年第
　11 期。

喻国明：《谈谈中国传媒产业发展的选择、战略与姿态》，《新闻战
　线》2018 年 11 月（上）。

喻国明：《智媒时代：传统媒体的市场机会与操作路线》，《传媒》
　2019 年 2 月（下）。

张金桐、屈秀飞：《媒体融合的演进逻辑、实践指向与展望》，《当
　代传播》2019 年第 3 期。

张坤：《转战主阵地　打好精品战　改革再出发——中国青年报
　推进媒体深度融合的探索》，《新闻战线》2018 年 12 月
　（上）。

周莉：《从"赣鄱云"实践看全省一张网融媒发展模式》，《中国记
　者》2018 年第 9 期。

邹军：《移动传播研究：概念澄清与核心议题》，《新闻大学》2014
　年第 6 期。

Dwyer, Tim, Media Convergence, Open University Press，2010.

Infotendencias Group （2012） Media Convergence. The Handbook of
　Global Online Journalism, （eds.） Eugenia Siapera and Andrea Vegli
　（Oxford：John Wiley & Sons Inc），2012, pp. 21 –38.

Lawson-Borders, Grace, Media Organizations and Convergence：Case studies of Media Convergence Pioneers, Lawrence Erlbaum Associates, Publishers, 2006.

Staiger, Janet & Hake, Sabine, Convergence Media History, Routledge, 2009.

附 录

实地调研情况

2017—2018 年，本书作者先后在人民日报社、中国青年报社，分赴上海报业集团、上海文广集团、今日头条、湖南日报报业集团、湖北日报报业集团、湖南广播电视台、湖北广播电视台、红网、江西日报报业集团、江西分宜县融媒体中心、苏州广播电视台、长兴传媒集团、安吉新闻集团、温州日报报业集团等媒体开展移动化转型相关调研，并对津云新媒体集团总编辑通过微信语音通话进行了访谈。调研情况如下：

1. 人民日报社

系统查阅人民日报社有关新媒体发展的文件资料，包括报社领导的相关讲话、相关会议材料、相关部门的工作总结等。

对新媒体中心主任丁伟进行了访谈。

访谈时间：2018 年 11 月 21 日

访谈地点：人民日报新媒体中心会议室

访谈人：官建文、李黎丹、刘扬、高春梅

另外，官建文多次电话和当面询问新媒体中心主任丁伟、媒体技术股份有限公司副总经理陈玉林、新媒体中心社交媒体运营室主任徐丹，了解相关情况。

人民日报新媒体中心丁伟访谈记要：

广告经营

人民日报客户端广告以外包为主。三年一个周期。第一年亏了不少，第二年稍好，第三年持平稍盈利。三年共交给报社 3.1 亿元。2019 年，把政府广告拨给人民日报社广告公司，一年可能超过 3000 万元，往后再增加。商业广告仍外包。现在看，广告模式还比较单一，有发展空间。人民号、直播平台都可以做广告。

实行编辑业务与经营分离，广告收入多少不与编辑团队挂钩。

客户端活跃用户数

日活和月活数据，易观智库的比较真实，人民日报客户端月活不如商业网站，但在传统媒体里最好。

中宣部曾委托中国传媒大学赵子忠教授作调查，主要是通过联通手机调查，再乘以手机用户数。一个数据体系是应用商店的数据，但是水分多。另一个数据体系是易观智库的，比较客观。

采编人员情况

新媒体中心，80 多人拿记者证，大学毕业生入职人民日报社的先来轮岗一年，也从社属媒体借调人员，总数 100 余人。全报社采编人员 1000 多人。人民日报社记者编辑的主要力量还是放在报纸上。个性化推荐需要海量信息。我们的信息量不如今日头条，内容质量也不同。

人民日报报减版，原计划工作日每天减 8 个版，如果减 8 版还有用，后来决定减 4 个版，各个专业版都被保留下来。编辑部减少人员，保留那些真正的精英，但是一时半会儿做不到。搁置存量，增量改革更有用，把力量用在新的增长上。

人民日报客户端还是要走聚合、整合的路子。培养自己新媒体条件下的核心竞争力，靠思想观点输出，发挥"关键少数"的作用。

用户融合、产品融合离开用户和产品谈融合都是大忽悠。传播过程是媒体与用户共同完成——信息传播共同体、价值共同体、情感交换共同体，要靠产品聚拢吸附用户。新闻内容被重新定义、生成，专业媒体不一定是新闻唯一来源。

目前四级政务发布体系已经搭建完成，还有 500 万自媒体队伍，新闻生产主体与原来不同。参与的用户越来越多，很多内容都是用户自行上传。开门办网，用户就是生产主体。把公众利益调动起来。审核把关有难度，生态多样性与价值观一元性如何更好地结合，创新过程还能体现主流价值，这是最难的。生态环境是多样的，如何在内容多元化的同时保持价值观的一元。

人民号现有 1 万多账号，申请 10 万多，但是我们严审。平均一秒产生一个上传。审核压力很大。

传统媒体不可能靠技术引领，只能是跟进式。船小好调头，如抖音号，我们"上船"晚，但很快就居于双榜首，靠的是内容传播力。技术开发、运营问题，探索一个模式，引入市场化方式解决，创办民办非营利机构——人民日报新媒体研究院，技术、运营、短视频等借用"产学研"来解决，如与科大讯飞成立 AI 研究院，与快手成立视频研究院等，好的话对外推广，利益分成。核心团队保持 120 人就行了。

对未来的看法

未来：智能化、社交化、视频化、个性化。主流媒体也要用算法，但很艰难。个性化推荐，新媒体传播方法论，不仅仅是技术手段。新媒体传播就是一对一，从千人一面到千人千面，必须考虑个性需求，使用数据（海量内容、精准用户）、算力（短暂时间，数据中心最基础，目前在用阿里云）、算法。

1）算法推荐。

2）短视频。交互性，无论 PUGC 模式，还是做聚合，头部内容 20% 由媒体完成，头部以下由用户自媒体完成。

3）智能与编采集成，人工智能编辑部。

体制机制依托新媒体研究院。

人民日报微信公众号的核心用户是在校大学生和基层公务员，死忠粉，20—40 岁。年轻态、个性化。形式鲜活，接地气。参与性、互动性强。

介质决定不同的传播内容。任仲平只能被转发 2000 多次，而一般报道 3000—4000 次。一锤定音的评论转发很多。

可以理想化，但是不要急于求成。

稿费与人民日报纸报差不多，但有一个追加稿费。

读书看报玩手机，读看有仪式感。

2. 中国青年报社

访谈时间：2017 年 6 月 6 日

访谈地点：中国青年报会议室

访谈人：官建文、李黎丹、高春梅、王培志

访谈对象：中国青年报社长、总编辑张坤，中青在线总编辑闵捷

访谈之后，多次通过电话、微信补充了部分材料。

中国青年报调研记要：

融媒小厨的主要功能

融媒小厨汇聚了三大功能，覆盖了从内容到运营的全链条。

第一项功能：内容生产制作。"融媒小厨"采用"部门主导，三端融合"的内容生产制作模式，每个专业部门都生产全媒体内容和负责各平台专业频道内容的编辑发布，各专业报道部门通过全媒体协调机制形成有机整体，基本实现"信息共享、一体策划、一次采集、多元生成"的目标。

第二项功能：多层分发传播。"融媒小厨"不仅打通了中国青年报体系内的所有媒体和终端，还充分实现了外联平台的有效运用，能够在内外多个层面进行融媒内容及产品的传播和推广，从而进一步把握舆论导向、提升品牌价值。

第三项功能：整合运营服务。"融媒小厨"有效支撑报社各项品牌活动的内容制作和分发传播，帮助提升品牌活动对用户的覆盖程度。

工作流程、机制的调整

融媒小厨最关键的是配套深层次的机制改革创新。"部门主导，三端融合"的内容生产制作模式不仅使采编人员在内容生产上适应移动化转型的需要，在传统的文字生产之外生产更多适合移动互联网传播规律的融媒体内容产品，而且适应移动互联网用户随时随地获取信息的需求，改变了原来主要服务于报纸出版的生产流程。

具体操作划分为三个步骤：报上来、分下去和转起来。"报上来"是指选题报上来，改变了报纸、PC端、移动端因各自为战带来的重复选题、漏掉选题的情况，通过报上来的方式，由值班领导根据选题重要性及资源情况确定资源投入以及是否全媒体化操作。"分下去"是指任务分下去，根据需要不断匹配对应融媒体、全媒体的采编和分发资源，按照分级传播相关制度，努力实现报社内部和外部的分享传播效果最大化。"转起来"是指选题和资源的操作不仅是由上而下地布置任务，还要突出体现扁平化特点，逐步实现每个部门、项目、个体融入机制中，成为主人翁，去统筹、协调更多资源，更好地满足用户需求。

报纸、PC端、手机端三端打通，由全媒体协调中心统一指挥，全媒体协调指挥平台负责日常策划、编辑、加工，该平台24小时运转，所有内容产品都发到全媒体协调指挥平台上来进行发布，确保移动端内容随时更新。报社实行三会制度，每天早上8点，报社召开全媒体协调会，副总编、编委及新媒体各个平台的负责人、编辑参加，确定移动端（微博、微信、客户端）、网站各个平台的重点内容；上午10点钟召开选题会，由值班副总编主持，各部门值班负责人参加，各个部门报线索并确定重点选题的策划、给各个部门分配报道任务；下午4点钟召开编前会，各个部门都参与，确定见报的重要作品。部门主导、三端合一、移动优先，完全改变了报纸的运作方式和生产流程，为移动化转型奠定了基础。

人力资源和绩效考核

人力资源和绩效考核是深层次的，也是难度最大的。两年以前我们就准备做四条通道，虽然报社是自收自支，但还是严格按照国家的规定，处级干部 100 多人，几种编制，很复杂。事业编制、全资公司、控股公司，什么都有。如何让报社的一线骨干，特别是让年轻人看到上升的通道，这是很关键的。这两年由于种种原因没有推动，马上要进行深化改革。计划人力资源打通，设行政岗、新闻岗、研究员系列、经理人系列。这方面在探索当中。2016 年，中国青年报创建了全新的以"见报稿件、融媒稿件"为基础的全媒体绩效考核体系，把融媒体或新媒体作品作为绩效考核的重要内容。

融媒体内容生产

2014 年以来，中青报推进 H5 牵引全媒体发展计划，通过 H5 作品的牵引，加速整个报社的全媒体转型。H5 具有很强的表现力和传播力，而且成本很低，能够很好地把中青报的内容思想优势发挥出来。中青报从 2014 年开始大力发展 H5 技术，组建了专业的团队，并牵引采编部门的跟进。在中国青年报社内部，成立并运营中国青年报·中青在线融媒工作室、冰点、暖闻周刊、军事部、守候微光、小邱之问等 10 个 H5 工作室。截至 2017 年 3 月，由中国青年报·中青在线推出的 H5 原创产品超过 580 个，总浏览量达 4.3 亿次以上。中国青年报手机客户端设有 H5 频道，受众可以欣赏由中青报推出的所有 H5 作品，大到国家政策解读，小到百姓保健养生。此外，中国青年报社充分发挥与共青团系统的新媒体共建作用，发挥中国高校传媒联盟的纽带作用，与各地共青团共建 H5 工作室，邀请团干部、大学生参与，提高 H5 产品生产能力，第一批计划建 171 个，带动喜欢 H5 的团员青年共同创造优质作品。

布局视频直播。2017 年两会视频直播是中国青年报·中青在线两会报道历史上的首次尝试。两会视频直播是中国青年报·中青在线和北京时间"牵手"，继 G20 杭州峰会直播之后，又一次合作组织大型视频直播。中国青年报总部的记者、30 多个地方记者站的记者、10 多个海外记者站的记者，几乎都尝试过用直播手段进行新闻的解读与呈现。

经营方面

努力把品牌影响力做大，在这个基础上创新一些盈利模式。人民日报社和浙江日报报业集团的做法我们是学不了的。目前就是把品牌影响力努力做起来，中青报经营收入，还是历史上最高点，但成本很大，还有亏损。

移动端收入获得增长。从 2015 年开始，中国青年报报纸广告收入下降的缺口，主要靠中青在线全媒体增加的营收来弥补。2016年微信广告收入接近 400 万元；H5 产品在 2016 年的收入突破了100 万元，成为"潜力股"；视频直播以及关联的微视频，获得了不少有收益的订单，包括政府机构、商业机构的委托。

移动化转型带来的品牌影响力的提升带动了整合营销收入增长。现在搞任何活动的整合营销，都要靠新媒体。视频直播、H5等移动传播方式已经成为任何会议和活动的标配，对于整合营销的拉动作用非常大，对客户的吸引力很大。客户会觉得不是在跟一家传统的媒体在合作，而是和一家新媒体合作，客户希望用户能够在移动端看到自身活动的传递。

除此之外，依托品牌影响力和线上线下资源优势，中国青年报也在积极探索新的盈利模式，开展线上线下服务，目前在知识付费和电商两个方面进行了尝试。在知识付费方面，尝试为有一定专业技能的同事开设网络课程，如请资深产品经理用视频直播的方式讲授产品经理入门课程，面向大学生渠道和其他渠道推出。在电商方面，在报道的结尾处和特定商品关联，很多报道后续可以拉动一些商品的销售，如卖书。目前这些盈利模式还处于探索当中，是未来发展的方向。

3. 上海报业集团

上海报业集团、解放日报社

访谈时间：2017 年 6 月 14 日

访谈地点：上海报业集团总部、解放日报社会议室

访谈人：官建文、李黎丹、高春梅

访谈对象：上海报业集团对外事务部主任夏俊；上海报业集团新媒体发展研究中心主任，上海解放新兴传媒有限公司执行董事、总经理汪莉；解放日报上海观察编辑中心主编秦红；负责集团经营的王主任

访谈之后，多次通过电话、微信补充了部分材料。

界面新闻：

访谈时间：2017 年 6 月 13 日

访谈地点：界面新闻会议室

访谈人：官建文、李黎丹、高春梅

访谈对象：界面新闻首席财务官何昕凡、界面新闻营销运营总经理宁华

澎湃新闻：

访谈时间：2017 年 6 月 13 日

访谈地点：澎湃新闻会议室

访谈人：官建文、李黎丹、高春梅

访谈对象：澎湃新闻时事新闻中心副总监陈良飞

上海报业集团调研记要：

上海报业集团移动化转型的最大特点是根据旗下各媒体的市场定位及资源优势开发移动端产品，把原有的团队、产品、用户转移到移动互联网，并打造全新的新媒体项目，差异化发展，形成覆盖全国与本地、面向不同领域和群体的"三二四"新媒体格局，实现了传统媒体传播力影响力公信力向移动端迁移，并探索新的盈利方式。

"三"：三大报向移动端转移

上海报业集团旗下三大报——解放日报、文汇报、新民晚报产品特色清晰，目标受众群体分别为党政机关工作人员、知识分子、上海市民。三大报根据自身特色分别创办客户端上海观察（后改名为"上观新闻"）、文汇、邻声。

上海观察于2014年1月1日正式上线，是上海报业集团成立后的第一个新媒体项目，定位精品阅读新闻类App，做党报转型的"自贸区"。2016年3月1日，在上海市委的全力支持下，解放日报将"上海观察"锁定为战略转移的主阵地进行整体转型，原有解放日报的采编部门就地解散、重新组合，解放日报主要的采编力量全部迁移到上海观察这个平台，通过公开招标成立的80多个栏目小组作为最小的内容生产单位，主编打破党政级别限制竞聘上岗，这些栏目小组同时向"上海观察"和解放日报供稿。解放日报纸媒只设置三个编辑部门：要闻编辑部、新闻编辑部、专副刊编辑部。此次转型打破了原有的部门架构，改变了论资排辈的现象，并对考核机制进行调整，实现人员柔性组合，对生产力的释放作用非常明显，2014年客户端日均发稿量只有二十来篇，整体转型后客户端发稿量大增，并且在表现形式上有很多创新，如视频、漫画等。目前上观新闻客户端下载量为500万左右，日活8%—10%，解放日报纸质版发行量不到50万份。从经营上看，上观新闻和解放日报已完全一体化。广告收入几千万元，不超过一个亿。解放日报相关负责人认为，传统媒体向新媒体的转型非常必要，对此一定要保持清醒的认识。

"邻声"是新民晚报应对媒体时代变革推出的整体转型的先导产品，是集"资讯+社区+服务"为一体的移动客户端。它以上海12800个住宅小区和800万户家庭为目标用户，基本理念是以"新民晚报·邻声"移动客户端为平台，从用户需求出发，融合社会需求、媒体需求和政府需求，侧重解决百姓日益精准的需求表达与公共服务精确供给能力之间的矛盾，为用户提供个性化社区化的资讯、服务和社交平台。邻声的内容均与民生相关，服务民生衣食住行，有付费、旅游、收听广播等服务，且注重和百姓的互动，设有投诉版块，可以与相关委办局沟通。该客户端可基于地理位置进行定位，并依托传统媒体的影响力及和政府的关系、社区联络员机制（UGC），和大量小区、居委会、社区合作，建立一万多人的联络员队伍，给客户端供稿。

"文汇" App 立足上海、放眼全国，不做全覆盖，专注精细化，坚持人文定位、传承历史文脉、精耕分众市场，以文化界、知识界以及具有文化情怀的海内外人士为目标受众，依托文汇报的传统优势、名家资源和优质内容，打造以"人文"为主要内容、具有鲜明个性特征的移动客户端，在互联网上继续发挥主流影响力。

"二"：两大现象级新媒体项目——澎湃和界面

澎湃新闻：

2014 年 7 月，《东方早报》正式上线澎湃新闻，二者从一开始就在采编和管理上高度融合，采访重心全部转移到澎湃新闻。2016 年 12 月，澎湃新闻客户端下载量超过 6000 万，日活用户达到 500 万，澎湃新闻在原创力、传播力、影响力等核心指标方面都覆盖和超越了《东方早报》，2017 年 1 月 1 日起，《东方早报》休刊，人员平稳过渡到澎湃新闻。2016 年 12 月，澎湃新闻引进六家大型国企注资 6.1 亿元。一休一增标志着澎湃新闻由传统媒体向新媒体彻底转型。

品牌定位：适应互联网的特点，为了避免和上海本地媒体竞争，澎湃新闻定位全国性客户端，品牌设计、栏目定位全部去地域化，目前 60 个栏目中仅有一个本地新闻栏目"浦江头条"。在内容上，澎湃新闻主打时政和思想，以原创为特色。澎湃新闻有 600 人左右，其中运营 200 多人，采编 350 人左右，每天发布原创 300 条左右，占比 50% 以上，除去记者采写之外，还有编辑向社会各界人士的约稿。目前内容发布以客户端为主导，自动适配到 PC 网和手机网。

用户群体：用户群主要以一、二线城市为主，其中北上广占40%（北京占比 20% 以上，排名第一，上海第四），境外用户占到4%。从学历和年龄方面来看，主要用户是社会的中坚力量，以中产阶级为主，即"三高"群体（高知、高管、高官）。从性别上看，男性用户占六成。

经营情况：截至 2017 年 6 月调研时还在亏损，盈利方式主要是广告。2014 年广告收入两三千万元，2016 年广告收入一个亿，但收不抵支，投入 1.5 亿—1.8 亿元。2017 年的广告目标是两个亿，应该可以实现，如目标实现将有几千万元的盈余。除广告外，还有版权收入，2016 年版权收入 1500 万元，每年都会有 10%—30% 的增长。技术输出，给其他媒体开发技术后台和客户端。客户端、微博、微信广告打包出售。

界面新闻：

界面新闻是报业集团新媒体转型的重点扶持项目，界面新闻是上海报业集团成立之后新设的新媒体项目，上海报业集团（825 基金）投资 5200 万元，注册资金 1 个亿。除报业集团外，投资的还有上海的两家金融机构，技术公司小米、360，PE、投资类比较有名的弘毅资本等。股东结构不错，上海市政府也很支持。整个团队均通过市场招聘，优势是市场化程度较高，劣势是主要靠自身团队积累。2016 年做了 B 轮融资，2017 年计划做 C 轮。目前上海报业集团占股份 30% 以上，是第一大股东。

界面新闻偏重财经、商业新闻，和澎湃新闻、上观新闻、文汇、周到等错位发展。为了养成用户的打开习惯，在内容上有所扩充，娱乐类、生活方式类甚至体育、游戏、文化等领域基本上都有涉猎。2016 年 6 月拿到互联网新闻一类牌照。每天推送新闻 500 条左右，其中原创 200 多条，大部分是原创，有些是和自媒体联盟的版权合作。客户端下载量将近 6000 万，日活用户占比 6%。用户覆盖全国各地，主要集中在北上广深及江浙、山东等经济发达地区。上海用户占比 30%，北上广深加起来占到用户的近 90%，美国、日本、新西兰也有部分用户。

移动端内容生产：主要是文字、图文，微纪录片类的视频产品获得很多奖项。未来会加强视频生产，想做视频直播但没有牌照。

和内容生产相关的采编人员 200 多人，除此之外营销人员也是大头（尤物三四十人、摩尔金融四五十人）。界面新闻还孵化一些项目，如做电商平台尤物，基于内容做一些本土设计师的平台，帮助本土设计师做流量分发。还做了投资资讯平台摩尔金融。摩尔金融最终想做成一个基金或者一种销售平台，后续会申请资质，帮基金公司来代发产品，甚至自己做私募。

由于股东结构好、上海市政府支持，以及界面新闻在内容方面的精耕细作，两轮融资进展相对顺利，但从新媒体本身来讲，这条路并不好走，困难重重。目前还处在亏损阶段。可能 2018 年、2019 年会有一些盈利。界面新闻今年可以打平，但由于上面提及的一些项目还处于亏损阶段，对利润有影响。广告收入占全部收入的 70%—80%（其中版权收入占广告收入的 20%，包括版权合作、卖深度报道故事版权），广告增长情况良好，其他 20% 是资讯收费。内容主要面向中高消费者人群，因此品牌客户是大头。以后广告依然是大头，占 50% 以上。除此之外，可能会做业务并购或业务发展。在摩尔金融上面已经开始尝试资讯收费，摩尔金融主要是收费阅读，阅读内容偏向投资，资讯收费可能会是接下来爆发的收入点。摩尔金融整体情况不错，做了 A 轮融资，这个平台吸引了很多所谓的民间投资高手，这些人有相当一部分粉丝愿意花钱购买它的内容。尤物主要做平台，代销模式，收服务费。

"四"：四个新维度向四个领域探索

第六声：创新对外传播

第六声是由澎湃新闻推出的全英文外宣媒体，20 多人的团队在运作，直接面向海外用户。2016 年 4 月上线，2017 年正式运营，用生动鲜活的语言讲述个体故事，吸引海外用户。主要在 Facebook、推特、微信等平台上传播。

摩尔金融：探索商业模式

由界面新闻的一个频道孵化而来，目前单独运营，是连接股票投资者和专业服务人士的付费服务平台。主要是付费阅读，广告也是一大块的运营收入，还有衍生服务。

唔哩：面向"90 后"用户进行个性化推荐

由上海报业集团联合人民网等推出，以"90后"新生代为目标群体的类"今日头条"产品。不原创内容，强调海量内容集成、专业编辑精选以及基于大数据分析用户画像进行个性化推荐，属技术驱动类新媒体项目。

周到：新渠道拓展

由新闻晨报团队推出的客户端，主打"上海"和"身边"两大版块，定位是上海市民的生活指南。定位和邻声有所不同，邻声更多服务于老上海人，主要是民生解读等，周到服务于新上海人，有活动、展览，还有一些演出、赛事等。"上海"主打上海本地资讯，传播上海的信息，为用户提供权威、及时、新鲜的上海本地资讯及第三方服务接入，力争成为上海市民的生活指南、办事指南。"身边"基于区域定位，做强"家门口"的资讯与服务。最近在推民宿，有牌照优势，一旦民宿这个平台搭起来，市场也很大，主要收取管理费。

其他

产业支撑：设立两大投资管理平台，瑞力投资基金定位投一些商业地产、科技园、文化创意园区等项目，825新媒体基金主要投文化领域和互联网消费领域等。

采编专业职务序列改革：2014年推出《上海报业集团采编专业职务序列改革方案》，打破靠职称评定薪资的收入模式，把采编人员的级别改成19级，特聘首席的工资可以超过总编辑，每年根据发稿情况进行评比。该项改革在解放日报、新民晚报全面展开。这也是解放日报整体转型能够顺利推进的一个制度保障。

内部创新创业扶持计划：集团拿出1000万元扶持新媒体项目，项目通过专家评审后，员工辞职，集团、员工共同出资，还可以吸引社会资本，共同创办新的公司，按照股权进行利润分配。

4. 上海文广集团

访谈时间：2017年6月15日

访谈地点：上海文广集团会议室

访谈人：官建文、李黎丹、高春梅

访谈对象：上海广播电视台副总裁陈雨人，上海广播电视台总编室副主任金怡，东方广播中心党委委员、阿基米德 CEO 王海滨，上海广播电视台看东方传媒有限公司副总经理宋菁菁，百事通网络电视技术发展有限责任公司副总裁任铮，上海广播电视台战略投资部主任助理吕钟，第一财经新媒体首席运营官、第一财经副总编辑张志清

访谈后，通过电话、微信联络补充了一些材料。

上海文广集团调研记要：

文广集团的"1+3"产品布局

文广集团采用的是"1+3"的综合布局，集团资源倾斜，重点打造四个主要产品：

"1"是指 STV 平台，是由上市公司集合优质资源打造的视频平台，将来会把它做成 SMG 的一个门户，通过它把文广所有的视频内容和与视频有关的产业，进行一站式的到达。目前 STV 在不同的渠道有不同的表现形式，在 IPTV 有一个统一的界面，在手机上面是 App。2016 年底 IPTV 的用户大约是 2869 万，OTT 用户是 2973 万，同时移动客户端的用户规模快速提升，累计已经覆盖到将近 5200 万用户，月活 1250 万，日活峰值达到 375 万。

"3"是三个方向的产品：

看看新闻"kannews"

看看新闻"kannews"是直播新闻 + 短视频，直播是一条 24 小时不间断的新闻直播流，它的体现形式是在 STV 上面有一个 kannews 频道，24 小时不间断滚动播出。直播流不但改变了原来版面受限制的情况，而且直播本身也有一定的商业价值。短视频主要是在 App，同时与爱奇艺、腾讯视频、今日头条、优酷、秒拍等展开合作，实现多平台分发。看看新闻也在拓展与 YouTube、Facebook、推特等海外社交媒体的合作，提升海外传播的影响力。目前 App 用

户大概是 120 万，日均原创内容已经超过 100 条，日均点击量也已超过 200 万，10 万 + 文章日均 50 篇左右，100 万 + 的原创文章每天会有 1—3 篇。

看看新闻的营收模式基本上有四种，2017 年的收益指标是六七个亿。第一块是广告，包括直播冠名。第二块是头条号、企鹅号、大鱼号等平台流量分账。第三块是海外平台的收益。海外视频的点播分账模式比较成熟，平台收益也越来越多，2016 年这个平台已带来 1000 万元的收入。第四块是技术服务。

阿基米德

阿基米德的核心价值是要做互联网音频社区，每一档音乐栏目的听众都是自然细分好的一个非常小的细分市场，喜欢听同一档栏目的听众一定有一个共同的属性，其中一定会有某种商业价值在里面。阿基米德尽量地把全国尽可能多的广播电台都融合进来，进驻阿基米德的广播电台栏目可以在后台自动产生数据表，显示来自互联网的评价。阿基米德目前可以比较精准地预计未来半小时内全网最热门的十个关键词，提示给直播的 DJ。目前湖北、贵州、江西等 100 多个省市级的广播电台已经入驻，有 13000 多档广播节目社区，广告价值目前也开始凸显，一方面精准投放的广告数量 2017 年与 2016 年相比有较大的增长，另一方面开始在上面做微商店，投放与某个社区特别契合的商品。今年开始尝试销售的时候，基本上都是秒抢。

第一财经

第一财经本身就是全媒体，有自己的报纸、杂志、电视，目前着力打造资讯 +、视频 +、数据 + 的新媒体产品矩阵。在视频 + 方面开始做一些财经方面的直播平台，如 2016 年英国的脱欧公投 PV 突破了 580 万，G20 峰会做了 15 场直播，播放量接近 2000 万。在数据 + 方面，跟阿里合资成立了第一财经新媒体公司，2016 年就出了百余份数据报告。另外，2016 年做了一财 Group，把财经新闻以半官方的姿态推到海外去，2016 年 8 月上线，通过猎豹、今日头条、彭博金融等多个渠道向全球读者每周提供大概 200 条中国财经资讯。同时，还与推特合作，全天 24 小时向全球用户发送 300 条中国市场的重要新闻。

基于这三个 + 的战略，搭建了整个新媒体矩阵的框架。第一个是核心旗舰"第一财经"App，为投资人提供财经资讯。第二个是证券衍生类的产品 App"有看投"，搭建了一个投资顾问的汇聚平台和投资者教育的平台。第三个是大数据 App"DT 财经"。第四个是《第一财经周刊》，2017 年开始做内容付费的探索。再加上 Yicai Global，主要是面向海外的资讯。

文广集团的产品化思路

文广集团做产品的基本思路是产品化，即所有的技术服务都不只是为自己做，都能够推广，目前比较成熟的产品有八个：①广播新闻的融合媒体生产平台 @ Radio，目前云南台、河南台、吉林台、济南台、郑州台等都在推广使用；②电视新闻的融合媒体生产平台 X – news；③互动管理产品 iStudio——在凤凰卫视、浙江电视台的影视娱乐频道、乐视体育、上海教育电视台等 30 多个频道和单位在推广使用；④互动图文包装系统 PXmagic；⑤全互动云管理 iHub；⑥全发布云 iDitor；⑦为总编室专门做的节目模式库 iFor-mats；⑧SMG 受众测试平台。

文广集团的资本运作

2017 年正式落地两个文化产业基金：主投主控的 SMG 文化创新与创业投资基金，首期规模 10 亿元，主要用于与文广产业有关的产业和内容方面的投资。上市公司也会成立东方明珠文化产业基金，主要做中后期，集团的创新创业投资基金是做中早期。

文广集团的体制机制探索

探索员工持股、混合所有制改革。如阿基米德，初创时让出 30% 以上的股份，员工持股 33%，东方广播持股 67%，让员工直接成为股东。

5. 今日头条

访谈时间：2017 年 6 月 21 日

访谈地点：今日头条会议室

访谈人：官建文、李黎丹、刘晓平

访谈对象：今日头条相关负责同事

（调研记要略）

6. 湖南广播电视集团"芒果 TV"

访谈时间：2017 年 10 月 10 日

访谈地点：芒果 TV 会议室

访谈人：官建文、刘扬

访谈对象：湖南快乐阳光互动娱乐传媒有限公司副总裁、芒果 TV 互联网电视事业部总经理成洪荣，移动端产品负责人程娟，技术部负责人杨成等

（调研记要略）

7. 红网

访谈时间：2017 年 10 月 10 日

访谈地点：红网会议室

访谈人：官建文、刘扬

访谈对象：红网副总经理孔泽平，红网副总编辑杨国炜，总编辑助理、舆情中心主任胡江春，红网广告中心副主任成辉

（调研记要略）

8. 湖南日报报业集团

访谈时间：2017 年 10 月 11 日

访谈地点：新湖南会议室

访谈人：官建文、刘扬

访谈对象：湖南日报社新媒体中心常务副总编辑颜斌，湖南日报社新媒体中心副总编辑文凤雏，湖南日报科技信息中心主任廖忠，湖南日报社新媒体中心副总编辑徐蓉，湖南日报新媒体公司总经理张德会，湖南日报社新媒体中心编委、协调部主任毛晓红

访谈后通过微信联系毛晓红，获得了一些最新数据。

湖南日报报业集团调研记要：

湖南日报最初名为"新湖南报"，创刊于1949年8月，历史资料丰富，旗下有15家媒体，报、刊、网的持证记者共800多人，湖南省重大新闻都由湖南日报首发。作为湖南日报社移动化转型的试点，2015年8月15日，新湖南客户端上线，目前，已有1760万下载量，日均点击量突破620万，在苹果商店免费新闻应用下载排行中最高排名为第26位，日活7%，周活9%，月活15%。集团移动战略布局主要有四个方面——移动优先战略、建立移动平台、内部融合举措和外部资源整合。

新湖南新闻客户端

湖南日报积极拥抱移动互联网潮流，实施移动先行战略，在有报有网基础上，建立新湖南新闻客户端。此前，湖南日报社有两个端——华声在线的"无线湖南"和湖南日报客户端。2015年8月，两端迭代升级为一个端。新湖南定位是移动资讯、政务、商务三个平台合一。

资讯方面，把移动新闻做好，在确保导向正确基础上，按新闻规律注重报道速度和技术应用，注意资讯的筛选与整合。技术上采用自动抓取加人工干预的传播，效果优于单纯智能推送，减少用户挑选新闻的时间。系统每天从全网自动抓取8000—10000条信息，进入备用稿库，自动分类，新湖南每天更新500多篇，其中原创稿件约占一半。

2017年国庆期间，发布"我在天安门看升旗"H5，创单件浏览量最高，达315万（此前最高302万）。2017年抗洪，长沙频道直播101个小时。

政务方面，为厅局、市州、区县以及学校、企业建客户端、频道，开微信公众号。技术上共享，客户端可批量生成；内容都在一个平台上，客户端、频道内容可共享，统一管理。现已为厅局、市州、区县建了上百个客户端。

政务服务方面，与民政厅合作，婚姻登记网上预约、预约挂号、寻亲求助等，用户可通过客户端办理医保、社保、民政等部分事务。

生活服务方面，新湖南探索打造新媒体生态平台，主要有两块业务：一是基于本土吃穿住行服务，通过与美团、58同城等互联网公司合作，提供如共享单车、天气、电影购票、打车等方面的服务；二是探索电商服务，选择销售有湖南情怀、特色的产品，开展基于本土的活动，计划做"一县一品"。

内部融合情况

湖南日报社内部融合有两点经验：一是将其作为"一把手工程"来抓，集团成立媒体融合发展领导小组，由社长、总编任正副组长。在"新湖南"客户端创设初期，由报社当时总编辑（后任社长）任"新湖南"总编辑，"厅长干了处长的活儿"，在人财物资源调配上有优势。二是制度设计较为到位，湖南日报集团所有记者都是"新湖南"记者，都要第一时间给"新湖南"发稿。2016年12月，报社出台了媒体融合工作方案，从制度上做了系统安排，全报社的时政、经济、文化全媒体中心逐步形成，全媒体分社已经全面铺开，从2017年6月起，湖南日报在市州的14个分社全部升格为集团的分社，报、网（华声在线）、端三个平台由各地分社统一运营。2018年将启用中央厨房，建总编调度中心和融媒体采编中心，统一稿库，各端口根据需求从库中自取稿件。目前在大型报道中实行虚拟团队制，通过建微信和QQ群的方式形成虚拟中央厨房。融合产生了三方面效果：一是有效放大母报声音；二是让主流舆论在网上有一席之地，省领导非常重视移动端；三是提升编辑记者获得感、成就感，客户端上的反馈和效果鼓励记者去思考改进业务。

外部整合情况

提出新湖南云的概念，就是以内容和技术优势为有需求的市州、区县、厅局、高校、企业进行系统的新媒体建设。三个产品：在新湖南客户端上建立频道、在应用市场生成独立 App、代为打理其微信公众号。内容上提供中央厨房式服务，技术上提供开发、迭代支持，可以进行模块化生产。目前已引入十几个厅局、14 个市州和三个区。一方面打造了网上问政沟通平台，另一方面开辟了新的经济收入来源。目前在禄口有两个机房，带宽 10G，未来业务展开后，后台智能监控、底层数据打通和按等级授权使用等会提出更高技术要求，计划与运营商和阿里云进行合作。

经济收入

湖南日报社新媒体部分收入主要在客户端，主要是两块：一是传统广告收入和活动营销，其中广告占收入的 70% 左右；二是非传统收入包括技术服务输出、电商、数据、舆情服务等都在探索。技术服务输出较为重要，新湖南技术自有自主，可以为如海南日报等兄弟媒体或湖南省厅局开发客户端，一年可以做几百万。同时，探索技术类广告，如基于 DSP、CPM 的广告，与 WPP、唐风等公司合作。未来广告会沿着技术化、巨头化方向发展。2016 年收入 2000 多万元，2017 年争取达到 3500 万元，不包括政府购买。政府购买部分的收入算到新媒体中心，经营收入算到新媒体公司。政务服务方面打造新湖南云，为一个厅局开发运维客户端每年收入 50 万元，为一个市州开发运维客户端每年收入 20 万元。预计未来这部分每年会有 2000 万—3000 万元左右的收入，足以支撑技术采编队伍。除此之外，还在探索新的盈利模式。

9. 湖北广播电视台

访谈时间：2017 年 10 月 12 日

访谈地点：长江云四层会议室

访谈人：官建文、刘扬

访谈对象：湖北广播电视台副台长张建红，湖北广电长江新媒体集团副总裁、长江云平台总经理李鹏，湖北长江垄上传媒集团总经理丁小平

访谈后，通过微信，请李鹏补充提供了一些最新数据。

（调研记要略）

10. 湖北日报报业集团

访谈时间：2017 年 10 月 12 日

访谈地点：湖北日报 23 层会议室

访谈人：官建文、刘扬

访谈对象：湖北日报传媒集团党委委员、副总编辑，楚天都市报党委书记、总编辑赵洪松；湖北日报传媒集团编委、编委办主任陈红彬；湖北日报融媒体中心主任张小燕；楚天都市报新媒体工作部主任苏争；楚天金报新媒体中心主任、武汉 Zaker 副总编辑王虹；荆楚网络科技公司副总经理杨磊

（调研记要略）

11. 天津津云新媒体集团：（微信访谈）

访谈时间：2018 年 7 月 5 日

访谈人：官建文、李黎丹、高春梅

访谈对象：津云总编辑齐怀文

津云新媒体集团访谈记要：

媒体资源、人员整合情况

媒体资源整合：2017 年 3 月 31 日，津云客户端上线，整合关闭天津日报的新闻 117 客户端、今晚报的问津客户端，天津市的传统媒体仅保留津云客户端。天津日报天津网、今晚报今晚网都并入津云新媒体集团。天津日报的微博、微信也整合进津云新媒体集团。今晚报的两微还是报纸自己运营。广电比较重视两微的运作，

目前还没有整合进来。

人员整合：通过各种方式促进人员流动，天津日报新媒体、今晚报今晚网和客户端的工作人员，事业编制的将关系冻结在原单位，企业编制的在原单位辞职，入职津云新媒体集团，不同的人员使用同一套绩效考核体系。

海河传媒中心与津云新媒体集团、津云中央厨房的关系

目前天津正在酝酿媒体整合，成立海河传媒中心，是正局级事业单位，下设天津日报、今晚报、天津广播电视台三个事业单位，津云新媒体集团属于海河传媒中心下属企业，天津各家传统媒体都拥有津云新媒体集团的股份；津云客户端是津云新媒体集团的一个产品，津云中央厨房是由宣传部投资建立的，委托津云新媒体集团运维。

津云新媒体集团和两报两台的合作情况

津云新媒体集团和两报两台的合作目前处于发起阶段，由于有海河传媒中心的背景，推动比较顺利。2018 年以来和各传统媒体之间的沟通较多，相互了解需求、取长补短。和天津日报的合作主要是要闻部，记者所发的要闻稿件第一时间发到津云，津云先于天津日报发布，选题策划、制作方面沟通也比较顺畅，因为一部分员工是从天津日报过来的，人员整合带动业务融合，相对来说比较容易。北方网原来是广电集团下属企业，所以和广电的沟通也比较顺畅。目前与今晚报正在沟通中。主要是利用双方的优质资源。

初期并不是所有的稿件都通过中央厨房，而是各单位的重点稿件、津云用得上的稿件，通过津云记者客户端发到中央厨房。根据海河传媒中心的前景预判，接下来日报、电台都要进入中央厨房开策划选题会等，下一步应该是内容双向的融合，目前还是传统媒体同津云融合。津云中央厨房也在根据各家媒体提出的需求，对功能进行升级，使中央厨房成为媒体融合的推动平台。

中央厨房目前还没有实现各个媒体之间稿件的互通共享，随着功能的完善，结合海河传媒中心的建立，中央厨房未来应该被赋予这个职能。

政府合作

第一，技术输出，如建中央厨房，做技术服务，还有网站和双微平台的运维，主要集中在文办（文化产业办公室）系统，包括外办的"天津发布"的微博，都由津云来运维，除此之外，还提供舆情服务，还有一些政府采购项目，如运动会等官网建站运维等。

第二，和民生部门合作提供便民服务，主要体现客户端的服务功能，如和人力资源和社会保障局合作，推出人力社保查询服务，和中国银联合作推出代收水电费、物业费服务，和中国移动合作，为用户提供免流量下载客户端等服务。

第三，北方网政民零距离、党群心连心栏目，和市委、市政府职能部门及委办局合作，征集网友问题，通过网络将网友提问转到各地各部门，相关各部门一周之内给出初步回答，两周之内再给出详细回答，这对于推动政务解决民生问题效果非常明显。天津很多职能部门的中层、基层人员比较重视政民零距离的反馈，结合天津市不担当不作为的三年治理，有一些问题是通过政民零距离反馈到他们那里，所以他们对政民零距离非常重视。

津云中央厨房的作用：数据统计分析对实际工作的推动

中央厨房在舆情热点分析、传播力分析（尤其是单条稿件和记者的排行）、用户画像（网络用户个人画像、IPTV 家庭用户画像）、记者现场调度等方面都起到了重要作用。稿件发出之后的反馈数据，对各家策划新闻、了解新闻的传播特点，都有非常重要的帮助。可以说中央厨房在策划、采访、编辑、制作和刊发方面都起到了很重要的作用。在流程方面，平台促进了报网声屏各个媒体形式的融合。

津云客户端

下载量和活跃度情况：

自上线以来，前期属于天津各传统媒体稿件的聚合，近两个多月以来开始做原创，前期下载量主要通过活动吸引下载。

重视通过民生、政务服务带动客户端下载，有些工作计划已经列入日程中，包括和各部门合作做评选和竞赛，对各个系统的客户端下载量比较有帮助。

推动客户端下载的几种方式：通过新闻带动，做原创新闻，市委宣传部要求做出有全国影响力的原创新闻，关注国内国际热点新闻，外地采访也比较多，本市突发新闻也是重点发力方向；前沿客户端、117 客户端用户迁移过来；活动下载客户端是重要来源，不是主要来源，活动比较多，比如和各部门合作的各种卡、各种优惠政策，还有线下兴趣圈，比如摄影、足球、电影等圈子活动，也有一定下载量；另外，从 2018 年 3 月开始，向全市传统媒体主要是两报两台招聘融媒体工作室入驻，每个工作室每年有 10 万元启动经费，53 家报名，最后精选 20 家，对融媒体工作室的考核一方面是流量考核，另一方面带动下载量也是一个重要考核指标，传统媒体记者组织策划活动的能力比较强，也会带来一定下载量。

稿源占比：

一是二十多个工作室制作的内容，二是记者原创，包括图文、视频，三是云上系列，委办局、区县、医院等，他们的稿件基本上也是原创首发稿件。大概是这几个部分，最大的部分应该是记者原创的图文和视频。

和商业平台的合作：

津云和凤凰、新浪、今日头条等几个平台签署了战略合作协议，在大数据分析、内容共享、内容传播等方面建立了合作渠道。内容共享方面，随着稿件量的加大和内容影响力的加大，他们对我们内容的需求也在增长。和第三方平台合作有一些版权收入，但和稿件的实际价值还有较大差距，前期主要以打影响力为主。

云上系列：

各区都有双微。和各区合作主要是津云客户端的云上系列，一区一端，后台在他们自己手中掌握，可以自己在津云上发布图文、视频。云上系列除 16 个区县外，还有高校、国企、医院，加起来共 170 多个。

津云新媒体集团的营收模式

营收主要有两大来源：资讯广告收入、技术输出收入。2000 年建立北方网时，比较注重技术团队的培养，网络发布系统已覆盖全国 71 个地级市，提供日常运维服务。2017 年建设的中央厨房，自主研发的占比比较高，目前在和一些地方谈合作，在天津本地已经有一两家投入使用。

津云新媒体集团的未来愿景

未来中央厨房在融合中会发挥越来越重要的作用，包括媒体间双向的稿源的互换、资源的互换，包括策划、信息共享等，从某种意义上说，津云的先期融合，就是海河传媒中心融合的缩影。

津云的愿景：整合全市新媒体资源，着力打造国内一流、在全国有影响力的新型主流媒体，做强津云品牌，建设拥有强大实力和传播力公信力影响力的新型传媒集团。从长期看，以先进的技术为支撑、以内容建设为根本，坚持两条腿走路，把这两方面的优势结合好，做好津云的技术和内容。

12. 江西日报报业集团

访谈时间：2018 年 9 月

访谈地点：江西日报会议室

访谈人：官建文、刘扬

访谈对象：江西日报社社长王晖、中国江西网总编辑练蒙蒙

访谈后，多次微信联系练蒙蒙，补充了一些数据。

（调研记要略）

13. 江西分宜县融媒体中心

访谈时间：2018 年 9 月

访谈地点：江西分宜县融媒体中心会议室

访谈人：官建文、刘扬

访谈对象：分宜县融媒体中心总编辑李建艳

（调研记要略）

14. 苏州广播电视台

访谈时间：2018 年 11 月 9 日

访谈地点：苏州广播电视台会议室

访谈人：李黎丹、高春梅

访谈对象：苏州广播电视台副台长王晓雄、苏州广播电视台融媒体中心主任吕宇蓝

（调研记要略）

15. 长兴传媒集团

访谈时间：2018 年 10 月 10 日

访谈地点：长兴传媒集团会议室

访谈人：李黎丹、高春梅

访谈对象：长兴传媒集团编委、融媒体中心主任徐峰，技术中心负责人廖主任

（调研记要略）

16. 安吉新闻集团

访谈时间：2018 年 10 月 10 日

访谈地点：安吉新闻集团会议室

访谈人：李黎丹、高春梅

访谈对象：安吉新闻集团台长宋焕新、安吉新闻集团办公室主任

（调研记要略）

17. 温州日报报业集团

访谈时间：2018 年 10 月 12 日

访谈地点：温州日报报业集团会议室

访谈人：李黎丹、高春梅

访谈对象：温州新闻网总编辑张春校等

（调研记要略）

说明：以上为本书作者实地调研情况及部分媒体实地调研访谈记要，在调研与访谈之外，我们与多家媒体保持联系并补充核实资料数据。以上调研记要均未经访谈对象审阅。